道元を語る

◆◆◆どうげんをかたる

かまくら春秋社

永平寺紀行

高田 宏

大本山永平寺の歴史を象徴するか
のような杉の並木を歩く筆者

大本山永平寺全景

永平寺を訪ねる人は今年ことに多い。道元禅師七五〇回大遠忌が行なわれているからだ。一〇〇〇人近くの大きな団体参詣もあると聞いた。

道元禅師は正治《しょうじ》二年（一二〇〇年）京都に生まれ、比叡山で出家し修行ののち、二四歳で中国に渡って南宋五山の一山である天童山に上った。そこで出会ったのが如浄《にょじょう》という高僧であり、この師のもとで修行し、渡宋から五年後に帰国。しかし帰国後の道元は仏教界に受け入れられず京都郊外の小庵などに隠棲して自分の悟得した禅についての著述をつづけ、四四歳の年に越前に下って、大仏寺（のちの永平寺）を造った。三方を山にかこまれたこの地を、本来の仏法の修行道場、すなわち坐禅道場として、多くの修行僧をみちびいていたが、建長五年（一二五三年）

病を煩い、療養のため京都へ出かけて死去、五四歳の生涯を閉じた。

ひたすらに坐禅せよ、これこそが正しい仏道なのだ、という道元の教えをすこしでも理解するためには、なによりもまず坐禅を日々に実践しなくてはならないのであろう。

坐禅体験はごくわずかしかないぼくには、ほんとうは何も言えない。そうと知りながら、道元禅師の言葉のまわりをうろつくだけである。『普勧坐禅儀（天福寺本）』につぎの一行がある。

坐禅は則ち大安楽の法門なり。

信仰心の有無深浅を別にして言えば、これはまことに魅せられる言葉だ。これは、人間存在を大肯定している言葉なのではないだろうか。「大安楽」の意味するところをぼくなりに受けとめれば、生の大肯定ということではないのか。自由自在の生、天然自然の生、生きる喜びの可能性の極限までを生きつくすということではないのか。その大安楽に入る門が坐禅という身体のかたちなのだと。

右の一行に、つぎの数行がつづいている。

……もしこの意を得ば、自然に四大軽安《しだいけいあん》、精神爽利《そうり》、正念分明《しょうねんぶんみょう》、法味《ほうみ》神をたすけ、寂然《じゃくねん》清楽《せいらく》、日用天真《にちようてんしん》なり。すでに能《よ》く発明《はつみょう》せば、謂《い》つべし、竜の水を得るがごとく、虎の山に靠《よ》るに似たりと。

言葉のすみずみまでは分からないけれども、坐禅が大安楽の法門だと得心できれば、おのずと身体が軽快かつ安定し、心は爽やかになり考えが明らかになる、仏法が精神を支え、静けさのうちに清らかな喜びが満ち、日々真実を生きることができる、ということであろうか。坐禅修行によってその境地に達すれば、水を得た竜のように、山に入った虎のように、自在の生を生きることができるのだ、と。

くりかえして言うのだが、坐禅について語ることは、ぼくにはできない。今度の永平寺参詣でも、坐禅の真似事程度をさせてもらったにすぎない。

ただ、それでも、身体のかたちのとりかたが、そのまま深い思想というか、生の真実に達するものだという感覚はぼくにもある。安易な言葉を借りて言うなら、身心一如であろうか。身体と心が一体化するときの生の喜びと言ってもいい。

三〇年あまり昔のことになるのだが、アルプス山中のスキー場へ出かけたことがある。オーストリア国立スキー学校に入学して十日間スキーに明け暮れていたのだが、その最後の日にカールというスキー教師と二

傘松閣天井絵。156畳敷き大広間の天井は、日本画家144人による230枚の花鳥画で飾られている

樹齢600年を越えるという
杉の間に建つ唐門

入門の雲水(修行僧)

人で、リュックを背にしてオーストリアの山からスイスの山へ一日滑ってきた。

カールが前を滑り、ぼくがそのうしろに着いて滑る。間隔はおよそ一〇メートル。カールはぼくにかまわず思い切り滑る。ぼくは彼のシュプール通りに、つねに彼と同じ姿勢をとって滑る。はじめのうちは二、三度、シュプールをはずして転倒したが、まもなく、彼の動きにぼくの身体を同調させることができるようになり、そうなると、何も考えないままに身体が自然に動いて、ぼく一人ではとうてい滑る勇気のでない逆落しの大斜面を、風を切って滑降していた。

見渡すかぎりの雪山だ。ぼくたち二人のほかに人間はいない。ときどき大きな鳥が青い空を滑ってゆくだけだ。景色をたのしみながら大斜面を滑降するゆとりが出ていた。カールの動きをなぞって滑るのだが、とくになぞろうとしなくても自然に同じ動きになっている。空の青が心の青になっていた。無心で、爽快で、無言のまま身体と心が一つになって歓喜していた。

その夜ホテルの地下酒場でビールを飲みながら、カールが言った。「今日は久しぶりに思う存分スキーを楽

雪の永平寺

僧堂での坐禅

しんだよ。ミスター・タカダ、ありがとう、カンパイ！」

　ぼくのスキー技術については彼は何も言わない。ぼくが一人で滑ったら、ああは滑れないと分かっているのだ。実際その通りだし、またそれでいい。カールと二人の雪山の一日があっただけで、ぼくは大満足だった。カールはその翌年、志賀高原で開かれた世界スキー・インストラクター大会にオーストリア代表でデモンストレーターとして出場し、帰りにぼくの家でスキヤキをつつきビールで乾杯して行った。

　身体と心とは分かちがたい。デモンストレーターでもあるカールのかたちをぼくの身体がなぞることができたとき、雪の山々はぼくを優しく受け入れ、ぼくの

禅を組む筆者

作務（掃除などの労働、作業）

心が解き放たれて、生の喜びが身心に満ちていった。その後ぼくのスキー技術は元のもくあみになったけれども、あの一日の身体記憶はいまも宝玉のように煌めき残っている。

　雑談ついでにもう一つ、身体と心についてハッとさせられた話を書いておきたい。

　将棋の元名人であり数々のタイトルを獲得してきた谷川浩司さんと、神戸の酒場で飲んでいたとき、つい馬鹿な質問をした。

「対局中の正座、苦しくないのですか」

　谷川さんの対局は数回、観戦記を書くために盤側で見せてもらっている。谷川さんはめったに膝を崩さない。羽織袴姿で端然と正座をつづけている。手洗いに

朝課（朝の読経）

立ったり、気分転換に席をはずすことはあるが、盤の前ではきっちりと正座をして指す。

谷川さんはぼくの質問に、「よく、そう聞かれるんですよ」と笑い、ちょっと間をおいてから真顔になって言った。

「正座をしないと、いい将棋が指せません」

勝ち負けではない。いい将棋を指すには、正座という身体のかたちが不可欠だ、というのだ。カールの動きに同調させた、あの一日のぼくの身体のかたちと、どこか通じているような気がする。知人のプロスキーヤーが還暦を過ぎてから、「私のスキーはいまが一番いい。いまは頭と身体が一つになっている」と言っていた。オリンピックに出たころのスピードはもちろんないが、そういう記録とか勝負ではなく、いまが最も美しい滑りで、最も喜びにあふれている、というのだ。昔は速かったけれど下手だった、と笑っていた。彼の言うのも、谷川さんが身体のかたちが将棋の質を左右すると言うのと近い。身体と頭は連動している、というより、まったく一つのものなのだ。

坐禅のことからだいぶん横にずれてしまった。

灯籠にも風雪が感じられる

平成14年（2002年）は道元禅師750回大遠忌の年だった

朝課

道元禅師は坐禅を中心修行にしているが、坐禅のとき以外のすべての行動にも細かく規定を設けている。つまり、身体のかたちのありようを示しているのだ。廊下を拭くという作務《さむ》もまた、動く坐禅である。

修行僧たちの日々の行動は、洗顔であれ食事であれ、つねに正しいかたちに則って行なわれる。坐禅には、ただ坐るだけでなく、坐るための身体の動きの正しい順序とか、坐禅を解き堂舎を歩行するときの全身のありようとか、そのほか種々決まりがあるように、日常の行動にも決まりがある。そのもとには、身体と心との分かちがたい一体性の重視があるのだろう。

朝課《ちょうか》に陪席させてもらった。永平寺の数多い堂舎のなかの中心堂舎である法堂《はっとう》で、毎日早朝に行なわれるのが、朝課と呼ばれる読経である。

老僧から修行僧まで二〇〇人ばかりの法衣の僧たちが、たとえば経本の配り方からその経本の持ち方まで、きっちりと定められた動きを示す。坐しての読経、歩行をつづけながらの読経が、それぞれ身体のかたちを正しくととのえて行なわれる。おそらくそこに私意の入る余地はない。隅に正座していたぼくも、僧侶たち

紅葉の季節を迎えた永平寺

の整然とした動きと読経の声に、おのずから背筋をのばしていた。

道元禅師は『正法眼蔵《しょうぼうげんぞう》』のなかの「坐禅儀」に、坐禅の方法をこまかく記しているのだが、そのなかに、坐禅の場についての言葉がある。

> 坐禅は静処《じょうしょ》よろし。坐蓐《ざにく》あつくしくべし。風烟《ふうえん》をいらしむることなかれ、雨露《うろ》をもらしむることなかれ。容身の地を護持《ごじ》すべし。

坐禅には静かな場所を用意し、厚い座布団を敷く。外の風や煙を入れるな、雨露がもれるようではいけない。坐禅のため

に身を容れる場所を確保すべきである。

身体のかたちをととのえるための、ミニマムの条件を示しているのであろう。

実際、坐禅道場である永平寺は、その条件を満たす場となっている。寺院内をあるいてみて、はじめいささか奇異な感じがするのは、ほとんどすべての建造物が渡り廊下でつながっていることである。他の堂舎へ行くのに庭に降りることがない。すべて廊下によってつながっている。法堂への廊下は急傾斜の長い階段になっている。そして、寺院の入口にあたる山門は、修行僧にとっては一度だけ出入りするところなのだ。入門のときに山門をくぐって寺に入り、修行を終えて寺を出るときにふたたびくぐる。それ以外は、寺の内部で修行がいとなまれる。複雑につながった修行の場が、空間として完結している。それはすべて坐禅の場であり、また動の坐禅である作務の場なのだ。

一方、道元には、「而今《じこん》の山水は古仏《こぶつ》の道現成《げんじょう》なり」（山水経）という、山水（自然）そのものが本来の仏道を現わしているといった言葉をはじめ、自然を語る言葉がたくさんある。

永平寺もそれゆえ、山水のなかに修行道場として建立されているのであろうが、しかし、完結空間である道場と、それをつつんでいる山水という自然空間とをどうつなげたらよいのか、浅学非才のぼくには分からぬまま、樹齢数百年の大樹の立ち並ぶ参道を後にしてきた。

・この原稿は平成十四年七月の取材によるものです（編集部）

たかだ・ひろし　作家。エッソ石油の広報誌「エナジー」等の編集長をつとめたのち、「言葉の海へ」で大仏次郎賞、亀井勝一郎賞を受賞。「木に会う」（読売文学賞）のほか、「われ山に帰る」「海上の王国」など。京都大学文学部卒。一九三二年、京都府生。

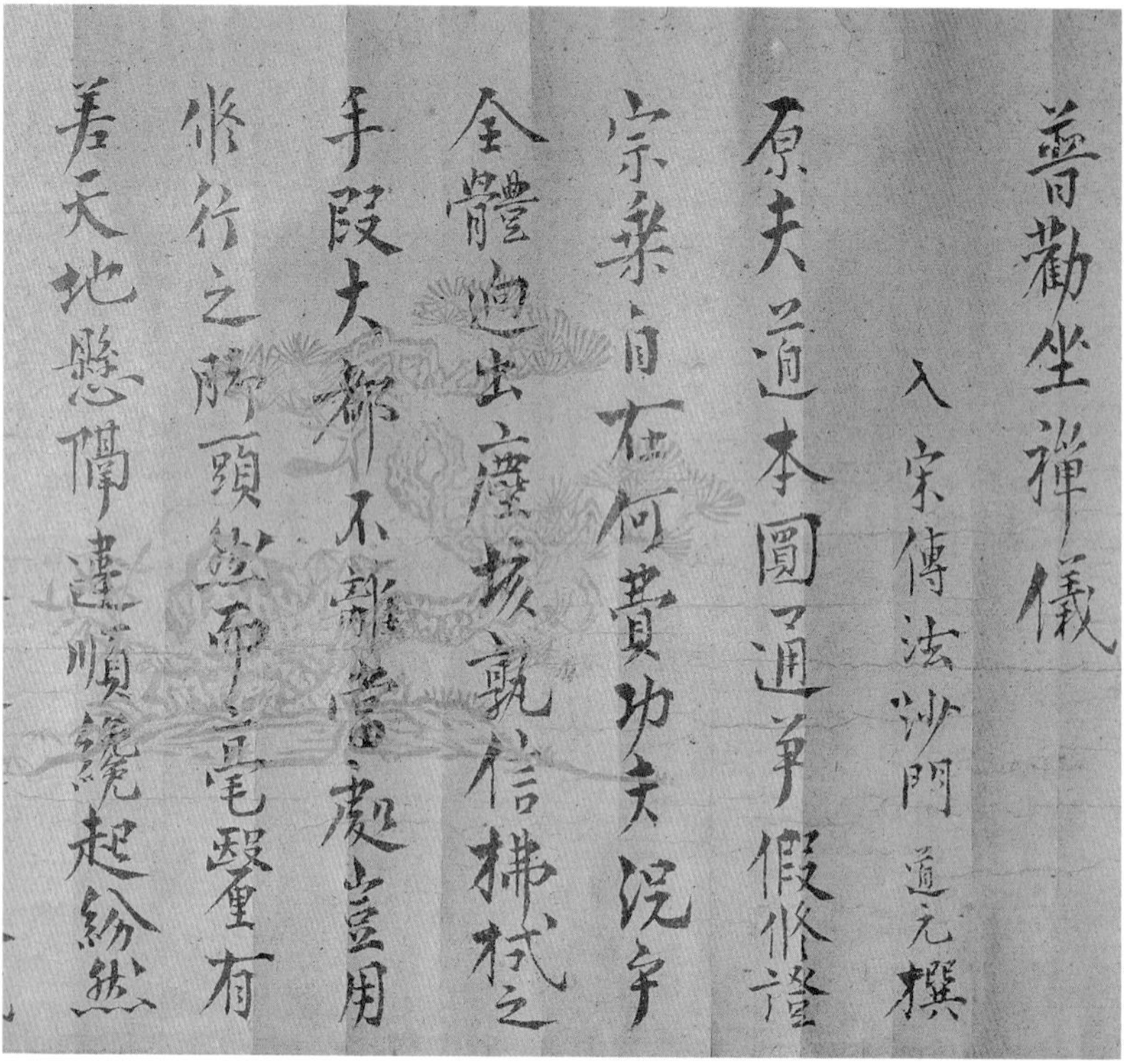
普勸坐禪儀
入宋傳法沙門道元撰
原夫道本圓通争假修證
宗乘自在何費功夫況乎
全體逈出塵埃孰信拂拭之
手段大都不離當處豈用
修行之脚頭然而毫釐有
差天地懸隔違順纔起紛然

普勧坐禅儀（部分。道元禅師真蹟、国宝、永平寺蔵）

道元禅師像（永平寺蔵）

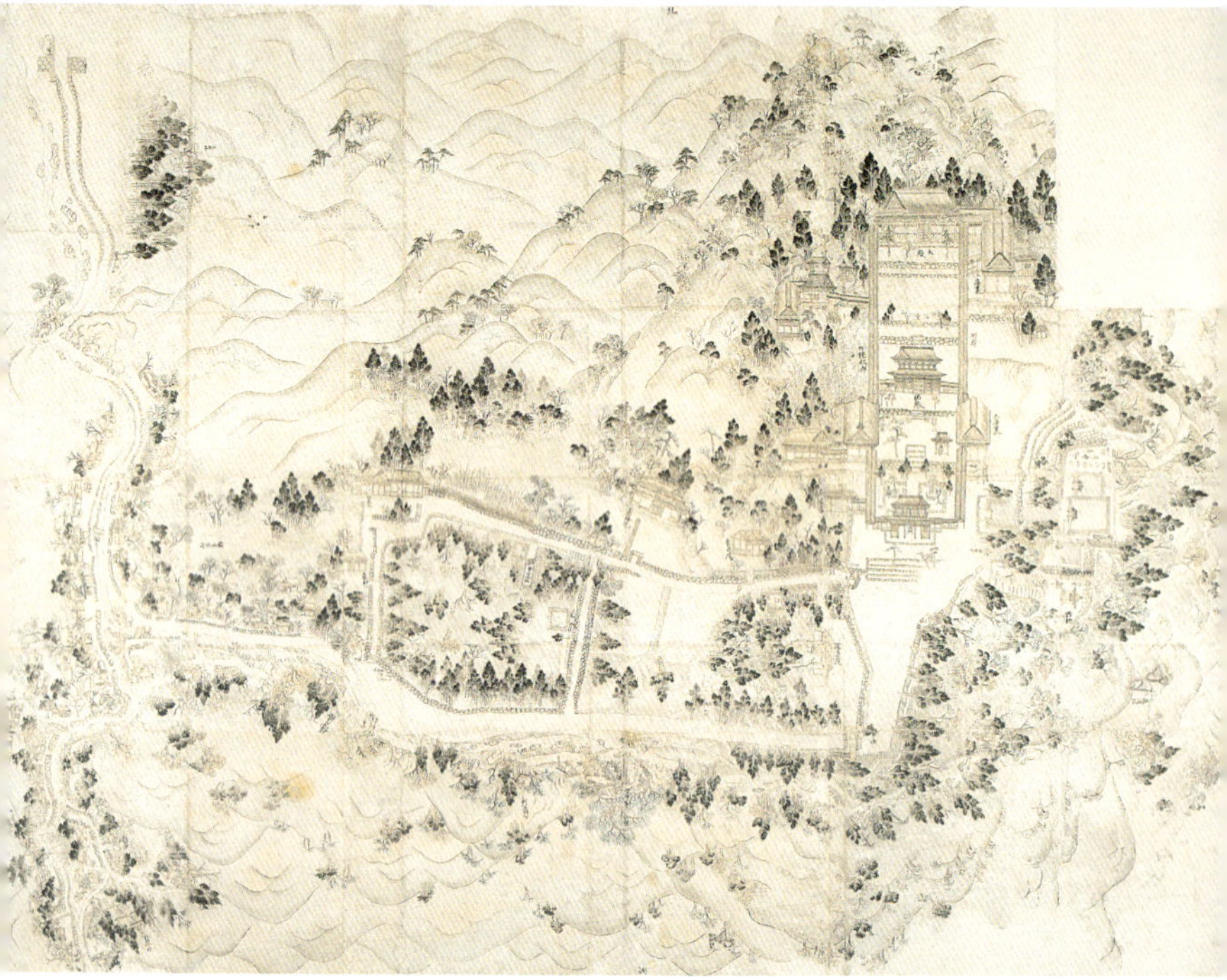

永平寺寺境絵図（1676〜81、永平寺蔵）

（写真提供／大本山永平寺、写真撮影／時空館）

「道元を語る」——目次

グラビア
永平寺紀行　高田宏……1
エッセイI
道元のここがおもしろい　村上光彦……25
「今ココニ」生きる　中野孝次……35
「色即是空」の風景との五十年　柳田邦男……45
有時するということ　玄侑宗久……53

万物無常
池田清彦 59

梅花力とは何か
中西進 67

インタビュー
現代人は面を洗って出直そう
養老孟司 77

暮らしこそ基本
中村桂子 88

「典座教訓」のはなし
辰巳芳子 98

インタビュアー　西丸與一／伊藤玄二郎／田村朗

エッセイII

泣きながら北に馳せゆく　もう一つの身心脱落　宗左近　113
中世に近づく心　岡松和夫　124
道元と私　大島清　130
道元――そのあまりにも透明な輝き　井上洋治　138
道元の時間論　倉橋羊村　146

なぜ道元は鎌倉にいったか
立松和平……155

対談
自己のほかに仏法なし
～道元禅師の教えと言葉
水野弥穂子×永井路子……169

アンケート……
橋本治…189　太田宏次…190
鈴木治雄…191　藤居寛…192
依田正稔…194　和田龍幸…196
白石かずこ…197

評伝
道元禅師の周辺にて　大谷哲夫……199
道元年表と年表関連解説　236
あとがき　伊藤玄二郎　247

装丁／日下充典

エッセイ I

※有時

すべての「存在」は、過去と未来の一切をふくめた「いま」という「時」と一体であり、切り離されていない。

道元のこころがおもしろい

村上光彦

一、すべては問いから始まる

エリ・ヴィーゼルはホロコーストの記録小説『夜』において、ユダヤ教会堂の堂守《どうもり》にこう語らせています。「人は、神にさしむける問いによって、神のほうへ向上してゆく」。ここに見られるのは、宗教の別を問わず、神を求める人間に共通した姿勢です。釈迦が出家したのも、都城の東西南北の門から出遊して、生老病死の問題に目覚めたのが動機でした。『方丈記』には「知らず、生れ死ぬる人いづかたより来りて、いづかたへか去る」とあります。人間はどこから来てどこへ行くのか、これはたしかに宗教の根底にある問いでしょう。なにより、生きるか死ぬか、この問いに直面するのはハムレットに限りません。

道元のばあいは比叡山で修行中、十八歳のときに「本来本法性《ほんらいもとほっしょう》、天然自性身《てんねんじしょうしん》」という仏教の根本原理に疑念を抱きました。人間が本来仏であるなら天然のままの自分でよいはずなのに、どうしてさらに発心して修行する必要があるのか、という問いを発したのです。

二、いづれも仏性具せる身

人間が本来仏であるという考え方は、道元の生きた平安末期から鎌倉時代にかけての人々の共通理解だったようです。『平家物語』の「祇王」の章に、白拍子《しらびょうし》の祇王が歌った今様《いまよう》が記されています。

仏も昔は凡夫なり
我等も終《つい》には仏なり
いづれも仏性《ぶっしょう》具せる身を
隔つるのみこそかなしけれ

後白河法皇が編纂した『梁塵秘抄』にも、同じ意味の今様がやや異なるかたちで収められており、やはり《仏性具せる身》という表現が見られます。

道元の著作や語録から読みとれるのですが、原点をなすこの疑問は終生彼の念頭から離れなかったのです。「辦道話《べんどうわ》」には「人みな般若の正種《しょうしゅ》ゆたかなり」とあります。《仏性具せる身》と同じ意味でしょう。ただし、彼は人間が無条件に仏になると考えたわけではありません。いま引用した語句のあとにこうあります。「ただ承当《じょうとう》することまれに、受用することいまだしきならし」と。自己の内なる正種に合致した生き方をし、それを実践していかない限り、せっかくの正種も発芽せず、現実化しないということだと思います。

同じく「辦道話」に、則公という僧と法眼禅師（十世紀、中国の禅僧）とが交わした「丙丁童子来《きた》って火を求む」という語句をめぐる問答が取り上げられています。丙は火《ひ》の兄《え》、丁は火《ひ》の弟《と》です。この二人の童子はともに火の性の持ち主です。そこで則公はこの命題を、火をもって火を求めるのは自己をもって自己を求めるようなものだと解釈しました。法眼禅師は、仏法がそんなものなら今日まで伝わりはしなかったろう、と諭します。

道元がここで言おうとした論旨は、則公の解釈は「仏法はもとより自己にありとしる」という考え、つまり《即心是仏》についての皮相な見解に発するものだ、という指摘にあります。道元はこのような浅い解釈を批判して、「一向に坐禅辨道して、一知半解を心にとゞむることなかれ」、つまりひたむきに坐禅につとめて中途半端な理解で自足するな、と励ましているのです。仏性を具してはいても、すぐに仏になれるわけではないのでしょう。

『正法眼蔵随聞記《しょうぼうげんぞうずいもんき》』には、「自己これ仏法なり……外に向つて求むべからず」と聞いた修行僧が、それなら修行をやめて「本性に任せて善悪業《ごう》をなして、一期《いちご》を過さん」と考えた、という事例が提示されています。むろん、これも心得違いの見方なのです。この問題については、『正法眼蔵』の中の「即心是仏」など、随所に関連した論考が見られます。彼はこの身がそのまま仏などという見方を超えて、「長劫《ちょうごう》に修行作仏《さぶつ》する」道をめざしたのです。

三、身心一如

「辨道話」に、「しるべし、仏法にはもとより身心一如《しんじんいちにょ》にして性相不二《しょうそうふに》なりと談ずる、西天東《さいてんとう》地《ち》おなじくしれるところ、あへてうたがふべからず」とあります。身《み》と心《こころ》とを分けないというのです。これにたいしてバラモン教などでは霊魂不滅を説きますが、こちらは、身は滅びても霊魂、つまり心は常住すると考えたのです。これにたいして道元は、「なんぞ、この身の生滅せんとき、心ひとり身をはなれて、生滅せざらむ」と言い切ります。この見方は《色即是空《しきそくぜくう》》についての見解にもつながっていきます。

なお、雑誌『星座』に連載中の大島清氏の『脳と言葉』第四回に、竹内敏晴氏の《身心まるごと全体の、主体としてのからだ》云々という文章が引用されています。道元の見方が現代の合理的な見解と一致しているのは興味深いことです。もっとも道元は前世や来世まで否定していたわけではないらしく、彼の《生滅》についての思想はさらに検討する必要があります。

四、《色即是空》

若いころ横浜国立大学の講師控え室で、数学の先生から仏教認識論の話をうかがい、そのとき初めて《五蘊《ごうん》》（色《しき》・受・想・行・識）という用語をしりました。仏教辞典には、「この五蘊が仮に集合して人間が存在している（五蘊仮和合《けわごう》）」とあります。色とは《認識の対象となる物質的存在の総称》ですが、水野弥穂子《やおこ》氏はこれを「私どもの生きている四大和合の身体である」と言い切っています。四大とは地・水・火・風の四大元素です。ここにはギリシア古代哲学と共通した原子論の萌芽が認められます。さて、水野氏はこう説いています。

私どもの身体は、生れた時から（仏教では正確には母親の胎内に宿った時を個人の始まりとします）成長し、年老い、死ぬまで、一瞬も同じ状態でいることはありません。どこかをつかまえて、「これがわたしの生きている姿だ」というところはないわけです。そこのところを色即是空――「色」はそのまま「空」だと言っているわけです。しかし、その一瞬一瞬に身体がないわけではありませんから、「空即是色」――空というのは、この身体があることだと言っているのです。

水野氏のこの説明を念頭において『正法眼蔵』の「恁麼《いんも》」の章の名文を読んでみましょう。

身すでにわたくしにあらず、いのちは光陰にうつされてしばらくもとゞめがたし。紅顔いづくへかさりにし、たづねんとするに蹤跡《しょうせき》なし……。

五、夢

シェークスピアの『テンペスト』で、プロスペロは「わたしたち人間は夢と同じ材料で織り上げられている」という意味のことを語りました。フランスの作家ジェラール・ド・ネルヴァルは『オーレリア』のなかで語っています。「〈夢〉は第二の人生だ。象牙か、それとも角でできたそうした扉が、見えない世界からわたしたちを分け隔てているのだが、そこを通り抜けるときには、わたしは身震いしないではいられなかった」。このほか、夢と人生とを同一視した文学者や哲学者は枚挙に遑がありません。荘周が夢に胡蝶となった話とか、盧生が邯鄲《かんたん》で粟飯が炊きあがるまでに栄達の一生を夢見た話とか、中国の古典にも夢の話が多いのです。八世紀の中国の禅僧である仰山慧寂《ぎょうざんえじゃく》は、弥勒菩薩のもとに赴いて第三座、つまり最上席に坐す菩薩からひとりおいて隣の席に迎えられて説法した夢を見たそうです。これは十三世紀に編まれた公案集『無門関』に出ている話です。安谷白雲師はそれを解説してこう述べています。「自己本来の面目が、この公案では夢という符牒で出てきた。だから夢の話だと思って、馬鹿にしてはならない。悟りの眼を開いて見ると、宇宙は全部夢であるということがはっきりする」。「宇宙は全部夢である」とは思いきった言い方です。しかし日本の仏教史を辿っても、聖徳太子も空海も、また中世の法然、親鸞、明恵も、すべて夢と深く結びついていることに驚かされます。むろん道元も例外ではありません。

道元は『正法眼蔵随聞記』のなかで、「一期《いちご》は夢の如し」とも言っているし、また人間のありようを《一世幻化《げんげ》の身》と規定してもいます。真の実在ではなく、影絵のように変幻してゆくこの世限りの存在、とでもいった意味でしょう。彼の伝記を読むと、ほかの高僧のばあいと同じく、道元の生涯にも夢が大きな役割を果たしたことが二度、三度とあったことが知られます。

『正法眼蔵』に「夢中説夢」という章があります。《夢中説夢》について、水野氏は岩波文庫版『正法眼蔵』の注釈中で「一般に……夢の中でさらに夢を説くはかないことを言う。しかし、我々の真実は夢と本質的に異なることがなく、夢としての真実を重ねていくことを説く」と解説しています。さらに同版の補注には『大般若経』でこの表現が使われていることを示しています。その引用文の一部を孫引きしましょう。「夢は尚ほ有《う》に非ず、況んや夢境の自性《じしょう》の説くべき有らんや。是《かく》の如く般若波羅蜜多も、仮に種々の自性有りと説くと雖も、而も此の般若波羅蜜多は、実に自性の得て宣説すべき無し」。

そして道元はこの章においてこう述べています。「夢・覚もとより如一なり、実相なり。仏法はたとひ譬喩なりとも実相なるべし。すでに譬喩にあらず、夢作《むさ》これ仏法の真実なり。釈迦牟尼仏および一切の諸仏諸祖、みな夢中に発心修行し、成等正覚《じょうとうしょうがく》するなり」。白雲師が「宇宙は全部夢である」と喝破したのが放言でなく、遠い師匠である道元の考えを正しく継承していることが納得されます。

六、道元と近代哲学

近代になって『正法眼蔵』を広く読書人に知らせたのは和辻哲郎です。彼は一九二〇年（大正九年）から一九二三年（大正十二年）にかけて、まず『新小説』誌に、ついで『思想』誌に「沙門道元」を連載しました。のちに一九二六年に、このエッセーは未完のまま『日本精神史研究』に収められました。いまは『和辻哲郎全集』第四巻に入っています。彼はその序言のなかで、道元を《我々の祖国が生んだ一人の偉大な宗教家》と呼んでいます。和辻は、道元が彼の真理を受け継ぐ道は《参師問法と工夫坐禅と》だと指示していることを述べ、現代人としては《参師問法》のためには道元の著書・語録を読めばよく、また《工夫坐禅》のためには今日の財欲に溺れた寺院を避けて自分の書斎でこれを行えばよい、としています。これは彼が三十代前半の若々しく強靱な思考力を尽くして書いた論文です。いま読み返しても、これが近代における道元復活の契機となった所以がよくわかります。

なかでも、当時の状況を活写しつつ親鸞と道元とを比較した節も興味深いし、「道元の『真理』」と題して道元の論点を考察した部分は、さすがは『風土』の著者と思わせる透徹した思索のあとを示しています。

むらかみ・みつひこ　仏文学者、成蹊大学名誉教授。晩年の大仏次郎を史料面から補佐、大仏次郎研究会会長に。著書に「大佛次郎―その精神の冒険」「鎌倉幻想行」、訳書にヴィーゼル「夜」ほか。東京大学仏文科卒。一九二九年、長崎県生。

「今ココニ」生きる

中野孝次

わたしは「正法眼蔵」の文章の力に魅せられ、ずいぶん昔から読んできたけれども、ながいあいだ道元の言ってることがほとんどわからなかった。道元の語法がわからず、唐代禅匠の言葉を自在にあやつるその言語が理解できなかった。それでもなお道元から離れなかったのは、ここには何か大変な宝が潜んでいると感じていたからである。

そのわたしがあるときを境にとつぜん道元の世界がからりと開けたような思いを得たのは、「現成公案」の中の薪と灰の説法を読んで、これは完全にわかった、と思ったときからであった。薪と灰の話は、前後際断ということについての比喩である。

たき木、はひとなる、さらにかへりてたき木となるべきにあらず。しかあるを、はひはのち、薪《たきぎ》はさきと見取《けんしゅ》すべからず。しるべし、薪は薪の法位《ほうい》に住して、さきありのちあり。前後ありといへども、前後際断せり。灰は灰の法位にありて、のちありさきあり。かのたき木、はひとなりぬるのち、さらに薪とならざるごとく、人のしぬるのち、さらに生《しょう》とならず。しかあるを、生《しょう》の死になるといはざるは、仏法のさだまれるならひなり。このゆゑに不生《ふしょう》といふ。死の生《しょう》にならざる、法輪《ほうりん》のさだまれる仏転《ぶってん》なり。このゆゑに不滅といふ。生《しょう》も一時のくらゐなり、死も一時のくらゐなり。たとへば、冬と春とのごとし。冬の春となるとおもはず、春の夏となるといはぬなり。

道元『正法眼蔵』現成公案

禅の言葉がわかるというのは、論理的に考えて理解するのではない。言葉の理屈をこえて、全体がまるごと全身で了解されるのである。この薪と灰のたとえを讀んで、わたしは一擧に全部を理解した。

個々の存在は、薪も灰も、冬も春も、生も死も、吾も汝も、みな完璧な全一性の中にあって、彼がこれとなることなく、これが彼となることなく、それぞれの他と異なる自己の全一（法位）にある。薪《まき》が燃えて灰となるというような因果関係において見るべきでない。薪は薪で完了している。灰は灰で完了している、というふうに見るのがいい。

生死も同じことだ。生が死になるのでなく、死が生になるのでなく、生は生として完結し、死は死として完結している。生は生であり、死は死であるが、それぞれの法位において全一の自己として完結している。すべてが「今ココニ」生きているだけであり、他のいかなる時と所に生きているのではない。すべての存在にとって、あるのは「今ココニ」の生だけだ。

そう考えると、なんだかもやもやしていたものがとつぜん消え、全天がからっと晴れあがって、澄んだ中に物みながくっきりと安住して見えてくるような気がした。

なにも恐れることはないのだ、とわたしは思った。生きているうちは自分の生きている「今ココニ」がすべてであり、他にどんな生があるわけではない。おれが「今ココニ」生きている、これが全部だ。尽十方世界すべておれであり、世界はそれぞれの個の差別相にあって異なりながら、しかも差別相のままに全一である。吾は彼でなく、彼は吾でないが、異なるがままに絶対的現在の「今ココニ」おいて一相である。

そういうような世界が心に開けてきたのであった。そして「尽十方界、一人として是れ自己にあらざるなし」という言葉が浮んできた。これも「正法眼蔵」に引用されている唐代の名僧長沙《ちょうさ》景岑《けいしん》の言葉である。

尽十方界、是《こ》れ沙門《しゃもん》の眼
尽十方界、是れ沙門の家常語
尽十方界、是れ沙門の全身
尽十方界、是れ自己の光明
尽十方界、自己の光明裏《り》に在り
尽十方界、一人として是れ自己にあらざる無し
『正法眼蔵』光明

尽十方界というのは、この天地宇宙のすべてはという意味である。その全宇宙の現象はすべて、それぞれに異なり、一つ一つがちがう差別相のまま、そのまま汝の自己である、光明であ

る、自己の光明のうちにあるのだ、この全世界はどれをとってもことごとく汝の自己でないものはない。

こういう言葉——まさに長沙景岑が自己の全部を吐露した信念——も、人の生きているのは「今ココニ」という絶対的存在しかないのだと考えると、理屈ぬきにそっくりそのまま肯《うべ》なわれた。

「正法眼蔵」にはまた、「過去心《かこしん》得べからず、現在心《げんざいしん》得べからず、未来心《みらいしん》得べからず」という言葉があるが、時というものはとらえようとしてもとらえられない。一瞬は過ぎてたちまち過去となり、未来はいまだ来《きた》らずしてとらえられず、現在という時もこれを流れ去る時間として見るかぎり絶対にとらえることができない。

時を無限の過去から無限の未来に向けて棒のように流れてゆく時間と考えるかぎり、時は人間にとってどこまでも外在にとどまり、自己の生きている事実と関わりがないもののままだ。そうではなくて、我の生きている現実にしかと目を向ければ、生きている時とは「今ココニ」という絶対的現在しかないことがわかろう。そこに時は流れず、所は分断されず、すべては生のありありとした光明のうちにある。自己が尽十方世界であり、尽十方世界が自己である。自己が光明であり、全宇宙はお前の眼にほかならない。

長沙景岑の言葉はそのとき生き生きした、疑うべからざる事実としてわたしに了解されるように思った。道元はそのところを、

——自己の光明を見聞するは値仏《ちぶつ》（仏に出会うこと）の証験《しょうげん》（たしかなしるし）なり、見仏《けんぶつ》の証験なり。尽十方界は是《これ》自己なり。是《この》自己は尽十方界なり。廻避《ういひ》（避けて通る）余地あるべからず。

と言っている。「今ココニ」生きる自己を全肯定することが仏に出会うことであり、光明と化することであるというのだ。自己、本性、自性、本来面目に会うことが、尽十方世界そのものを自己とすることなのである。

長沙景岑のこの言葉は、それ以後なにかの折にわたしの口を衝いて発せられ、これを口ずさんでいるとなんともいえず充実した気持になった。安心を得た心地になった。

「正法眼蔵」で道元はまた、こちらは玄沙師備《げんしゃしび》という唐代の名匠の「尽十方世界、是一顆明珠《ぜいっかめいしゅ》」という言葉を引いて、仏道を説いている章がある。

玄沙師備というのもわたしの愛する人で、この人の言行を『景徳伝灯録』などで讀むと、何回讀んでもいいなと思うが、その人が初めて一個の独立した師匠として説法をしたときこの名文句を吐いたのだ。これについて道元はこう言っている。

ここに言われている「尽十方世界、是一顆《いっか》明珠」という言葉は、玄沙が言った言葉だ。その言う意味は、尽十方世界は広大《こうだい》だというのでもない、微少《みしょう》だというのでもない。四角でもなく、丸いでもなく、魚がぴちぴちはねているようでもなく、ひろびろとつらなっているのでもない。それらの差別相のすべてでありながら、しかも全一なのがそれだというのだ。そう言った上でこういう名句を吐く。

——昔日曾此去《せきじつぞうしこ》（昔日は此《ここ》より去り）にして、而今従此来《しきんじゅうしらい》（而今《ただいま》は此《ここ》より来る）なり。

これこそ「今ココニ」の絶対的現在であるから、過去はこの所から過去となってゆき、今という時はここから生れるのである。すべての源泉はいのちに満ちたこの所にある。故に、尽十方世界はこれすべて一顆《いっか》の明珠にほかならぬというのである。

唐代の名匝の言葉が、こうして道元の中で生きなおされ、あたらしいいのちを得て今の聴衆に働きかける。これが「正法眼蔵」の魅力だ。この「一顆明珠」の章などはその典型の一章だと云っていい。玄沙のこの「尽十方世界、是一顆明珠」は、長沙の「尽十方界是自己光明」とひびきあい、それが一つになって道元の中で鳴って、今のわれわれに働きかける。これぞ法悦でなくて何であろう。

わたしは道元に導かれて「景徳伝灯録」とか「五灯会元」といった唐代の名匠の言行録に親しみだし、また以前は讀んでも一向にわからなかった鈴木大拙にも非常な親近感を抱くようになった。それらはすべてが、仏教、禅という一つの同じ世界の消息を語るものであった。わたしは鈴木大拙全集を全部、しかも巻によっては二度も三度も四度も讀み、大拙によって道元がさらによくわかるように思った。なんといっても大拙は現代の言葉で語っているから、道元でわからなかったところもわかる。

不立文字を標榜する禅というものを、本来はそれと矛盾する言語表現によって理解せしめようとした点で、長い禅の歴史の中でも道元と大拙とのみがよくその最も困難な仕事をなしとげたと云っていい。彼らが言語化してくれたためにわれわれ俗人にも禅は理解可能になった。またそればかりでなく、たとえば道元がそれを日本語で（当時はまだ思想を表現する抽象語は日本国に存在しなかった時代である）表記しようと苦闘し、また大拙がそれをぜんぜん語系を異にする英語で欧米人にわからせようと努力したことによって、禪そのものがあらたな生命を得、生きかえったのでもある。

たとえば大拙が訳し示してくれた宋代の名僧圜悟克勤《えんごこくごん》の書簡など、ただちに道元の言葉としてあげた以上の言葉のよりよき理解へとわれわれを導いてくれる。禪の方ではわたしが「今ココニ」というところを、即今《そっこん》とか而今《しきん》とか言っている。

「それはおんみの面前に放り出されてゐる。全体は即今そのままおんみに手渡されてゐるのだ。(略)禪の偉大な眞理は各人各人の所有である。直《ただ》ちにおんみ自身の存在を洞見《どうけん》せよ。他によって求めてはならぬ。おんみ自身の心はあらゆる形相を超え自在であり、静寂であり、充足してゐる。しかしそれはどこまでも六根四大(六根＝眼耳鼻舌身意、四大＝地水火風)に自己を印するものである。その光の中にすべては呑み去られる。主観・客観の二元論を沈黙せしめよ。雙《ふたつ》ながら忘れ去れよ。知性を離れ悟性を離れ、直下《じきか》に透徹するところがなければならぬ。そこに仏心がある。これを他所《よそ》にして何の実在もないのだ。」(鈴木大拙全集〈一九八一年版〉第十四巻222ページ以下)

これこそ、「昔日曾此去《せきじつぞうしこ》にして、而今従此《しきんじゅうし》来なり」のところである。

道元の言葉は、難解だが簡潔で力強いから、心に訴える言葉はすぐに覚えてしまう。わたしの中にはいくつかそういう語の断片が移植され、つねに働いて、何度もくり返しているうちもはや元は道元の言葉であることさえ意識しなくなったものがある。そしてそれらの言葉はどれもが、「今ココニ」生きよ、それがすべてだ、と語っているのである。

なかの・こうじ　作家、ドイツ文学者。「ブリューゲルへの旅」で日本エッセイスト・クラブ賞、「ハラスのいた日々」で新田次郎文学賞、小説「暗殺者」で芸術選奨。ほかに「麦熟るる日に」「清貧の思想」など。東京大学独文科卒。一九二五年、千葉県生。

「色即是空」の風景との五十年

柳田邦男

色即是空——この言葉は、私にとってほとんど日常語と言ってもよいほど、耳になじんだ響きをもっている。その響きには懐しささえ感じるほどだ。というのは、小学生の頃から般若心経を読む声が繰り返し耳に入っていたからだ。

般若心経というお経のことを最初に教えてくれたのは、十歳も年上の次兄・俊男だった。太平洋戦争が始まって一、二年経っていたろうか、私は小学校一年生か二年生だった。旧制中学を出て仙台高等工業専門学校に入った俊男兄が、得意の漢文学習の一環だったのか、般若心経をしきりに暗誦していた。

〈まかはんにゃはらみったしんぎょう〉で始まる経文を、俊男兄は、よどみのないテンポで読み上げていた。幼かった私には意味などわかるわけもなく、ただ耳に入ってくる音の響きの面白いところだけをとらえて、「ほんとにはらへったしんみょうにしろ」などとふざけていた。

俊男兄は、終戦直前の米軍機による仙台空襲によって、青葉山にあった学寮を焼かれた。雨の中をずぶ濡れで逃げまどい、かぜをひいたのがきっかけで結核性の肋膜炎になった。抗生物質のない時代だったから、栃木県の田舎町のわが家で静かに寝ているだけだった。終戦から半年経った昭和二十一年二月十一日紀元節（現・建国記念の日）の朝、静かに眠るように息を引き取った。十九歳だった。わが家は曹洞宗だった。通夜にやってきたお坊さんがお経を読んだ。

〈まかはんにゃはらみったしんぎょう　かんじーざいぼーさー　ぎょうじんはんにゃはらみーたーじ　しょうけんごーおんかいくう　どーいっさいくーやく……〉

《俊男兄さんが暗誦していたお経だ。》九歳だった私は、すぐにわかった。

〈しゃーりしー　しきふーいーくう　くうふーいーしき　しきそくぜーくう　くうそくぜーしき……〉

ずっと前に俊男兄が見せてくれたお経の文章は、難かしい漢字ばかりでとても読むことはできなかったが、何度も出てくるやさしい漢字の「空」とか「色」という字が印象に残っていて、〈しきそくぜーくう〉と読むお坊さんの声を聞きながら、俊男兄が「色」を「しき」と読むのだと教えてくれたことを思い出した。お経の「色即是空」のところを指でさして、「色《しき》というのは、この世の形のあるもののこと。人間もそのひとつだ。色即是空というのはね、形のあるものは一時的にこの世でそう見えるだけであって、形もなにもないのがほんとうの姿だという意味だよ。それが空《くう》さ」と、俊男兄は話してくれたけれど、幼かった私には何のことだかわからなかった。ともかくそのお経を暗誦していた俊男兄が死んで、お坊さんが同じお経を読んでいるのが、何だか不思議な感じだった。

目を閉じると、墨絵のような風景の中を、ひとり遠く小さく、川に向かって歩いていく人の姿があった。人は死ぬと、三途の川を渡って億万長途の旅に出ると聞いていたからだろう。墨絵のような風景は、いつもわが家の床の間に掛けてあった水墨山水画の影響だろう。

五ヵ月後の昭和二十一年七月二十一日午前、今度は父がやはり自宅で静かに最期の刻《とき》を迎えた。父も肺結核で自宅で治療していたのだった。私は小学校四年生、十歳になっていた。俊男兄の時と同じように、通夜と葬儀と納骨の時に、お坊さんが同じお経を読んだ。私は子供なりに辛さと悲しみの感情がこみあげてきて、涙があふれるのを抑え切れなかったけれど、〈かんじーざいぼーさー〉で始まり、〈しきそくぜーくう〉という言葉の出てくるお経は、耳にすっかりなじんでいたせいか、耳に心地よく響いていた。目を閉じると、父もまた墨絵のような風景の中をはるか向こうに歩いていく姿が浮かんだ。

次兄も父も苦痛を訴えることなく穏やかな表情で眠るように旅立ったことと、母がパニックに陥ることなく子供たちに死水のとり方を教えてくれたことは、私が死に対して拒否感や恐怖心をあまり持たないようになるうえで決定的に重要だったと思う。

その年秋には、ニューギニアで戦死した叔父の遺骨（といっても白木の箱の中は位牌だけ）が帰ってきた。叔父は父の年の離れた弟で、わが家に同居していたので、葬儀もわが家で行なった。また同じお経を聞いた。

父が亡くなった頃から、わが家の仏壇には、縦長の布表紙のお経が置かれ、時々母が仏前で読経をする姿があった。お経の冊子を開いてみると、はじめに『修証義』と表題が印刷されていて、最後に耳慣れた「摩訶般若波羅蜜多心経」があった。いつの日か、このお経の言葉の意味を理解することができたらいいなと思った。

『修証義』は鎌倉時代に禅宗の一つである曹洞宗を創《はじ》めた道元が説いたものであるのを知ったのは、高校三年生になって日本史を学んでいた時だった。日本史の教師は親鸞の『歎異抄』で説かれている悪人正機の思想について、共感をこめて説明してくれた。その頃、ロマン・ロランのヒューマニズムやトルストイの博愛主義に強く引かれていた私は、「善人なおもて往生をとぐ。いわんや悪人をや」という阿弥陀仏による万人救済の画期的な思想に、全身をゆさぶられるほどの共感と感動を味わった。教師は、道元の教えについては触れなかったが、ただ、私は家が曹洞宗だったことから、道元という開祖の名に親近感を抱いた。

『修証義』、とりわけそこに編まれた「般若心経」を私がしっかりと読み直したのは、平成五年（一九九三年）八月二十日に心を病んでいた次男・洋二郎が二十五歳で自ら命を絶った後だった。父や次兄の死から四十七年も経っていた。経文の概要については、作家になってから解説書で学んでいたが、それは知識としての理解にとどまっていた。だが今度は、激しい喪失感の中で、息子の行方を追うような気持で、そして自分もいずれ行くであろう旅先の情景を求める気持で、『修証義』を手にし、「般若心経」を精読した。「色即是空　空即是色」の言葉がまるで自明の理であるかのように胸に響いた。少年時代に耳に刻まれた読経の心地よい響きが甦り、そのことが「色即是空　空即是色」を理屈でなく直観で受容するのをもたらしたに違いない。

私の胸の中に満ちてきたのは、空とは絶対的な虚無ではなく、現世に生きる者の目には見えない純化された精神（それこそ魂と呼ぶべきもの）が棲む空間のことではないか、という思いだった。天国とも極楽とも違う。暗黒の宇宙空間とも違う。強いて言うなら、自然界の風景の中にとけこんでいる存在とでも言おうか。教義の正しい理解からははずれた思いかもしれないが、ともかくそういう思いが、私の心に温りのある穏やかさをもたらしてくれたのだ。

それから数年後、二冊の本との出会いが、私の思いをさらに深めてくれた。

その一冊は、宗教学者・山折哲雄氏の『暮しのなかの祈り』（岩波書店）だった。その中に「臨終歌探し」という章がある。山折氏は、どんな旋律の中で死んでいくのが自分にとって最も心やすらぐのかと、長年にわたって探し求めている。モーツァルトの「レクイエム」は至上の旋律だが、自立した個人として死んでいくという西洋近代の人間観のイメージが刺のようにつきささる。ヴィヴァルディの「四季」も違和感がある。

気がつくと、頭の中でご詠歌の旋律が鳴っていたという。四国の三十三観音霊場を歩いていたとき、出会った白装束にすげ笠のお遍路さんが鈴を鳴らしながら、遠くへ去っていった。風景の中にとけこんでいくその姿。〈お遍路さんたちの背中をみているだけで「色即是空」の気配が立ちこめてくる〉と、山折氏は感じたと記している。しかし、〈ご詠歌はすこし悲しすぎはしないか〉と、幾分かのためらいを残す。あるとき、本来臨終の枕辺に掛けるためのものと言われる阿弥陀来迎図をぼんやりみているうちに、そこに慰めの楽音をとどける機能がかくされていることに気づき、それと同時に〈ナーモーアーミーダーブー〉の声が頭の中に響いてきたという。山折氏の臨終歌探しの旅はまだ終着駅に着いていないというが、私の読後感では、ご詠歌のあたりでその旅は終点に近づいているように思えた。そして、何よりも私が共感を覚えたのは、お遍路さんのうしろ姿が小さくとけこんでいく風景に、「色即是空」の気配を感じたという点だった。

それからしばらくして、もう一冊の本との出会いがあった。佐野洋子さんの絵本の名作『100万回生きたねこ』(講談社)を久しぶりに読み返し、思いがけない気づきが生じたのだ。王様にかわれても美少女にかわれても乞食にかわれても、誰をも愛することなく死んでは生き返ってきた傲慢なトラネコが、美しい白ネコに出会い、はじめて愛を抱き、幸せな家族をつくる。ところがその矢先に、白ネコに先立たれてしまう。息絶えた白ネコを抱いて泣き続けたトラもそのまま死んでしまう。が、今度は二度と生き返らなかった。最後は言葉のない野の風景で終わっている。

他者を愛しやさしくなることを知ったトラは、なぜ今度は生き返らないのか。いまこそ生き還って、子どもたちをやさしく育ててほしいではないか。なぜ最後は野の風景なのか。私は何日も考えた。私の結論はこうだった。人を愛するとは、権力や財力や地位といった世間的な価値とは関係なく、人が上下なく同じ地平に立って他者と裸で向き合うことだ。であるなら、その身にはみんなと同じように平等に死が訪れる。しかし、その人の美しい魂は自然界に還り、野の風景にとけこんでいつまでも生き続けるのだ。

「般若心経」をあらためて読み返すと、「不生不滅」の言葉が、これまでにない強い響きで迫ってきた。そうだ、「色即是空」は「不生不滅」と表裏一体なのだと、私は思った。私の「色即是空」の言葉との触れ合いの旅は、落ち着くところへたどり着きつつあるように感じている。それにしても私の幼少期に、静かな旅立ちの形とともに、「色即是空」の言葉を心地よい響きをもって私の胸に刻んでくれた次兄と父は、人生で一番大事なものを遺してくれたのだと、私は感謝の気持を抱いている。そのことが、「生と死」をテーマに作品を書いてきた私の原点になっている。

やなぎだ・くにお　ノンフィクション作家。NHK記者を経てノンフィクション作家に。大宅壮一ノンフィクション賞を受けた「マッハの恐怖」のほか「ガン回廊の朝」「空白の天気図」など。菊池寛賞。東京大学経済学部卒。一九三六年、栃木県生。

有時《うじ》するということ

玄侑宗久

宗門人、つまり特定の宗派に属する私には、道元禅師の曹洞宗でなくて佳かった、というのが現在の正直な感想である。禅師はあまりにも巨大であり、しかもその巨大さが著書として残っているからである。

イエス・キリストも釈尊も、自分ではものを書き残さなかった。そのことで、どれだけ後世の宗教者に地域や時に応じた自由な説法の余地が与えられたか、計り知れない。

宗祖の巨大さは組織そのものの成り立ちにも影響する。我が臨済宗が十四もの大本山が並立しているのと違い、曹洞宗には整然たる総本山制がある。それも道元禅師の巨大さのせいだろう。だから、かなりの違いでも家風として受け容れてしまう臨済宗と違い、おそらく私のようなはみだし者には住みにくかろうと思えるのだ。

しかし蘭渓道隆は「済洞（臨済と曹洞）を論ずることなかれ」と言った。道元禅師にもその心がある。私にとっても禅師は多くの教えをくださった偉大な祖師である。しかも私が禅師の宗門に属さなかったことで、その出逢いは却って鮮烈であったように思える。私だけでなく、おそらく人は義務で学ぶことより勝手に学んだことのほうが心に染みやすいのだろう。

最初の出逢いは耳からだった。まだ僧侶になるまえ、知人のお通夜で聴いた「修証義」のなんとリズミカルで緻密だったことか。むろんそれは禅師の著作そのものではないし、高校生くらいだった当時の私にどれだけ理解できたかも疑わしい。しかし確信に満ちたその口調と隙のない言語、そしてそこに鏤《ちりば》められた禅師の言葉の力は、故人を導く杖として相応しいような気がした。

愛語能く廻天の力あるを学すべきなり。それはお通夜から離れても忘れられない言葉になった。そして振り返って教科書に載っている禅師の肖像を見たが、精緻な思考を窺わせる眼光と意志の強そうな顎のラインがきわめて強い印象として迫った。

その後は折に触れて『正法眼蔵』を読んだ。ただ通読したことはないため、気がつくとどうしても似たような部分を読んでいる。「坐禅儀」「現成公案」「渓声山色」「諸悪莫作」「虚空」「生死」などだが、最も頻繁に開いたのはやはり「有時《うじ》」だろう。

ハイデッガーの『存在と時間』も、道元禅師の「有時」も、理解できたとは思っていないが、それでも「有時」は短いこともあり、噛みしめるように繰り返し読んだ。そして「唯識」を学んでから読み返した最近になって、ようやく「有時」が臍《ほぞ》落ちした気がする。

客観的存在も客観的時間も存在せず、世界は吾有時《わがうじ》そのものであると禅師は云う。「尽界にあらゆる尽有は、つらなりながら時時なり。有時なるによりて吾有時なり」

私は「有時」を理解するために、「物語」という言葉を使ってみた。

たとえば「昨夜寝て今朝起きた」と、我々は簡単に言う。しかしそのことは、「寝たときの今」と「起きたときの今」を「排列」してできた認識である。換言すれば「昨日寝て今朝起きた」という小さな「物語」なのだ。我々はそうした「物語」を産むことで時間をあらしめ、また自己存在を認識することになる。

むろん「排列」する際には省略も含む。たとえば「最近私はとても調子がわるい」という時間と自己を提出しようと思えば、たまたま調子がよかったことは全部省き、美味しかった夕食もはずし、面白かった映画や彼女との会話も削ぎ落としてようやく成立する「物語」なのだと知るべきだろう。つまりあらゆる時間もそこでの自己存在も、厳密な意味ではフィクションなのである。

過去・現在・未来と、時が一つの方向に流れていくなどと思うのは、仏道を専一に学んでいないからだと禅師は云う。三つの時制は実は「つらなりながら時時」と並んでおり、それを我々は「経歴《きょうりゃく》」している。この「経歴」こそ、「排列」からさらに複雑化した「物語」と云えるだろう。一つの「物語」を語るために、我々は無数の「有時」を如何様にもアレンジし、改変すると云うのだ。

痛快なことに、禅師は「修証」即ち悟りも一つの「物語」、「物語がないという物語」に過ぎないのだと喝破する。このときにこそ明星が輝き、如来も出現する。しかし思弁的になりすぎないのが禅師の凄さだろう。結局「物語」を離れては生きられない我々のために、「住法位の活鱍鱍地なる、これ有時なり」と、説示してくださる。これは私には、これまでのあらゆる時におけるあらゆる私（尽時の尽有）が、活溌に活き活き溌剌してくるような己のあり方を模索せよ、と聞こえる。我々はどこまで行っても時間的存在であることを免れない。それならば、という懇切なる説諭である。しかし「尽時の尽有」を剰《あま》すところなく「究尽《ぐうじん》する」というのは、遥かな道である。

禅師の言葉のとおり、目の前の松も竹も、かつて見た山も海も、あらゆる体験も「彼方にあるに似たれども而今《にこん》なり」である。それならば道元禅師もその著作も、常に而今（たった今）にあると言わねばならない。我々はいつでも道元禅師に聴くことができるのである。

自力と他力について考えていた時もそうだった。一遍さんも「自力他力は初門のことなり」と言う。「往生と名づけ見性と云ふ、あに両般有らんや」とは白隠禅師。盤圭さんは「我宗は自力他力を越えた我宗でござる」と仰る。しかし私には、道元禅師の言葉が解りやすい。「自己をはこびて万法を修証するを迷とす。万法すすみて自己を修証するはさとりなり」この「現成公案」にある言葉こそ、自力から他力、迷いから悟りへの推移を語って余りあるように思えるのだ。

臨済は「黙照禅」と曹洞宗を貶し、曹洞は「看話禅」と言って臨済宗を貶した時代があった。しかし「只管打坐」をも巨大な公案として見れば、その違いは論ずるに足りないことではないだろうか?

我々の幸福は、白隠さんの機法と道元さんの誠実とを、共に而今にもつことである。所詮は人生という巨大な公案のまえで、我々は方便も用い、しかも根源を見据えて「未悟」のまま「有時」していくしかないのだろう。

こんなことを書くと、またすぐに禅師のお叱りを憶いだす。「おおよそ仏法いまだあきらめざらんとき、みだりに人天のために説法することなかれ」（「深信因果」）そう言われると坊主も作家もやっていられなくなるが、しかし禅師は「半究尽の有時も、半有時の究尽なり」と言ってくださる。我々の中途半端なありようも、途中のありようとして認めてくださるのである。

むろん究極のあり方も、禅師ははっきりお示しになっている。

「ただわが身をも心をもはなちわすれて、仏のいえになげいれて、仏のかたよりおこなわれて、これにしたがいゆくとき、ちからをもいれず、心をもついやさずして、生死をはなれて仏となる」（「生死」）

私もただその時を夢見て、排列したり尽力経歴したりしながら「有時」してゆこう。

げんゆう・そうきゅう　作家、臨済宗妙心寺派福聚寺副住職。職業を転々としたのち、二十七歳で出家。京都・天龍寺専門道場で修行。「中陰の花」で芥川賞受賞。ほかに「水の舳先」「御開帳綺譚」など。慶応大学中国文学科卒。一九五六年、福島県生。

万物無常

池田清彦

西洋における万物無常の祖はギリシャの哲人、ヘラクレイトスである。「太陽は、日々新しい」あるいは「同じ河に君は、二度と入ることはできない。なぜならば新しい水が、たえず君の足もとを流れているから」といった断片で示されている彼の思想は、万物流転という語で人口に膾炙されている。無常と流転は、つきつめて考えれば同じであろうが、ニュアンスは大分違う。親や我が子、あるいはつれあい等々の身近な人が死ねば、日本では、万物無常を感ずる人は多いだろうが、万物流転を感ずる人は少ないであろう。流転に比べ無常はどこか情緒的なコトバである。

私は時々講義で、世界は無常であるといった話をするが、一昔前の学生の中にはクスクス笑う者が時々いた。講義の中で使うには相応しくないコトバだと思われたのであろう。あるいは、もしかしたら、無常を無情と勘違いしたのかもしれない（今日びの学生は、まず笑わない。理由は私にはわからない）。

十四年前に母親が亡くなった時に、火葬場まで付き添ってくれたお坊さんと町内会の長老さんが、荼毗に付す間際に、「まことに人生は無常ですなあ」とつぶやきあっていたのを覚えている。人が亡くなった時に、無常を感じるのはごく普通の日本人の感性だったのである。その後、このお二人は半年足らずの間に次々と亡くなったので、他人の死を前にして自らも悟る所があったのかもしれないが。

道元は八歳の時、母親の死を前にして、無常を悟ったという。道元が感じた無常も、ヘラクレイトスの万物流転ではなく、悲哀感を含む無常であったに違いない。仏教の無常はもとより仏陀のもので、「諸行無常　是生滅法　生滅滅已　寂滅為楽」と大般涅槃経にある。これはヘラクレイトスの万物流転に近い。しかし、仏陀が弟子たちに無常を説いた時、弟子たちは号泣したと伝わっているから、無常は仏教ではそのころから、人生のはかなさと結びついていたのであろう。

恐らく仏陀もまた、最初の感性としての無常感は、人生の悲哀感と結びついていたのかもしれないが、悲哀感を止揚して、無常を宇宙の実相と考えるに至ったのだと思う。道元は無常を必然とした上で、刹那〈の重要さを説くようになる。悲哀感を反転してプラス思考に結びつけようとした道元の意志の強さは感じるが、説教くさくて私はあまり好きになれない。

ところで、人はなぜ無常を感じるのだろう。万物無常は宇宙の実相だとしても、それを感じるのはまた別のことである。草や木は、神経や脳をもっていないので、無常を感じることができないのは当たり前だとしても、ネコやイヌのような、高度な脳神経系をもつ動物ですら無常を感じているようには見えない。それは恐らく、彼らの頭のなかに確固として不変がないからであろう。

人の脳はまことに不思議な性質をもつ。自身は無常でありかつ有限なのに、なぜか不変や無限を考える。脳が考える不変のなかで最も強固なものは自我である。三十年前の私と今の私は全く異なる。生物は代謝をして刻々と物質を入れ替えており、十年もたてば全く別の物質に置き換わってしまうから、分子や原子のレベルで言えば、三十年前の私は今の私とは全くの別物である。しかるに、自我は私は常に私であると主張する。

自我が脳の中の不動点であるからこそ、それとの比較で、人は無常を感じるのだと私は思う。ネコは人間ほど強固な自我を有していない。すなわち不変の不動点が脳の中にない。ネコの脳は無常そのものであって不変を生み出すことができない。無常は無常を感じることはできないのである。ぐるぐる回る地球の上に乗っているだけでは、地球が回っていることがわからないようなものである。

人が不変を紡ぎ出すのは、脳がコトバを紡ぎ出すのと関係している。コトバはその限りでは不変の記号だからだ。我々は誰一人として世界のすべてのネコを知らないし、未来に生まれるであろうネコも知らない。それなのにほとんどの人は、初めて見るネコを正しくネコと同定できる。我々の脳は初めて見る物を、今まで見た物の中で最も似ている物と比べて、それらを同じ名で呼ぶクセを持っているらしいが、かなりの人々はそうは思わずに、ネコをネコたらしめる本質が個々のネコに具現されている故に、我々はそれをネコと認識すると思っているらしい。これをプラトニズムという。

プラトニズムは仏教の無常思想とは指向性が逆向きになっている。この世界に不変で普遍の根拠があり、無常なるものはこのもののかげであるとの思想は、後に科学を生み出す母体となった。いわゆるイデアとエイコーン（似像）である。仏教は無常こそ宇宙の実相であり、不変なるものはまぼろしであると考えるわけだから、話が完全に逆になっている。

ニュートンに端を発する近代科学は、宇宙は最終実体としての不変の粒子と、そこに働く不変で普遍の法則により支配されているとの構図を擁護する。一見、無常に見える世界の現象は、この二つの不変から導かれる。これはイデアとエイコーンという話と、完全にパラレルになっている。現在の粒子の位置さえわかれば、未来は予測可能であると、ニュートン力学は主張するのだ。予測できないのは、現在の粒子の位置を完璧に知ることができないゆえであるとされる。

仏教思想からすれば、これは完全な倒錯であろう。不変の粒子や不変の法則は、コトバといった形式で不変を紡ぎ出す脳内機能の投影物なのである。だから、科学は行為でも悟りでもなく、常にコトバで表わされるし、コトバでしか表わされないのだ。実験している所をビデオに撮って学界で発表しても、それは科学の業績とは認められないであろう。不変はコトバ（記号）でしか表現できないのである。養老孟司の言うように、実に科学は脳の機能である。

中にはH（水素）やO（酸素）はその存在が実証されているのだから、世界に不変の粒子があるのは真実ではないのか、と思っている人がいるかもしれないが、それは違うのである。この世界にHやOが存在するということと、すべてのHやすべてのOが同一だという話は別だからである。ライプニッツはすべての個物は異なる、との確信を述べたが、確かに我々がナイーブに認識できるすべての個物は少しずつ異なる。Hがすべて同じだという話が破綻しないのは、それが見えないからである。科学はHやOを何らかの観測装置を使って見る。観測装置にはすでにしてすべてのHは同じであるとの前提が組み込まれている。それだけの話である。

ニュートン力学的思考が破綻するのは、生物学の分野である。たとえば、脳の機能について考える。HやOを考えている脳は無常の脳である。無常の脳が考えた不変（粒子や法則）で無常の脳を解明しようというのが、ニュートン力学的科学の戦略となるが、これがうまくいきそうもないのは、少し考えれば誰にでもわかる。さりとて、生物はすべて無常であるとうそぶいているだけでは科学にならない。そこで、無常と不変の折り合いを適当につける必要がある。

私は最近『生命の形式――同一性と時間』（哲学書房）を上梓した。不変や普遍を根底とするプラトニズムでもなく、無常のみを至上とするやり方とも少し違い、私の採った戦略は、無常と不変をとりあえずは認めてしまい、この関係がどうなっているかを解明しようとするものであった。

我々が名付けるこの世界の自然物は、常に時間を含んだ無常なるものであるが、社会的に表現されたり、伝達されたりする時は、さしあたって不変なものと看做される。

たとえば、キリンを考えよう。アフリカの原野や動物園でキリンを見て、よく知っている人にとって、キリンは時間を含んだ同一性である（ヘンな言い方だけれど、勘弁して下さい）。この人が、キリンを知らない人に文章でもってキリンについて何事かを伝えたとしよう。その途端、文章の中のキリンは時間を含まない同一性に化ける。コトバでしかキリンを知らない人の頭の中には、不変のキリンしかないわけである。

アリストテレスもプラトンも仏陀も道元も、現在のすべての人にとっては単なる不変のコトバ（記号）でしかない。表現の蓄積は必然的に不変の同一性を増加させる。もっと極端に言えば、時間を含んだ同一性は自然物とそれを直接認識している人の脳の中にしかなく、社会的なコードとしてのコトバは、すべて不変の同一性しか有していないのだ。

物理学や化学が、粒子と法則という不変の同一性によって、世界を解読するのに成功しているように見えるのは、本当はこれらは表現の中にしかないのだけれども、自然の中に存在するんですよという言い方が、見えないゆえに破綻しないせいである。ひるがえって生物現象を見れば、ネコという不変の同一性が自然の中に自存するんですよという言い方は、どうしても分が悪い。ネコは見えるし、おまけに不変ではないからだ。

そこで、生物学としては、不変なのは実体ではなく、なんらかの形相あるいは論理形式であると言わざるを得なくなる。しかも、具合が悪いことに生物は進化するから、形相の変化原因についても、何らかのお話を作らなければしょうがない。これについての詳しい話は、前述の私の本を読んでもらうよりないが、科学である限り、論理整合的であることが要求される。宇宙の実相は論理整合的であるかどうか、わからないにしてもだ。

無常のはてに道元が見たものは倫理であった。無常の中に科学が捏造するものは論理である。本当を言えば、私はただ無常の海で溺れていたい。

いけだ・きよひこ　生物学者、山梨大学教授。構造主義に基づく生物学基礎論と科学論、インドシナの昆虫相など多彩な研究テーマに取り組む。「生命の形式」「他人と深く関わらずに生きるには」ほか。東京教育大学卒、都立大学大学院修了。一九四七年、東京都生。

梅花力とは何か

中西　進

一

『正法眼蔵』を音読するときの快さは、また格別ではないか。意味を考えると、たいへんむずかしい。しかし、意味を離れた音の創造者もまた、ことばである。『正法眼蔵』の創造した、ことばの響きは、名文の名にはじないものがある。

これをさらに雪漫々といふは、全表裏雪漫々なり。尽界は心地なり。尽界花情なり。尽界花情なるゆへに、尽界は梅花なり。尽界梅花なるがゆへに、尽界は瞿曇《くどん》の眼睛なり。

（五十三、梅花）

しかあれば、梅花の銷息を通ぜざるほかは、歳寒の心をしりがたし。梅花小許の功徳を朔風に和合して雪となせり。はかりしりぬ、風をしき雪をなし、歳を序あらしめ、および渓林万物をあらしむる、みな梅花力なり。（同）

文章の難解をもって世に知られる『正法眼蔵』の、その難解さは、熟慮に熟慮をかさね、表現が濃密に凝縮してしまったためのものではないと思われる。反対に、いわば天馬空を行くが如き発想の奔りが、地道に語間を埋めていく叙述を捨てさせたのではないだろうか。世上、奔馬の発想を抑え、忍耐強く愚鈍に説明を加えていくと、文章はわかりやすい。しかし道元は、それに与《くみ》しなかった。

道元の語り口は流暢でスピード感があったにちがいない。文字の書き方は自筆といわれるものを見ても、こまめだが、かなり流れるように書いていったのではないだろうか。

少くとも、右にあげたような文章をみると一気呵成という気分が見える。次々と叙述を積み重ねていく論理も、一見レトリカルに見えるが、じつは野放図で、わりあい情念的で、結論は詩人的直観が見つけた真実のように見える。

文中からことばを拾って「雪漫々」「尽界は心地」「尽界花情」とあげてみると、みんな色紙一枚のことばになる。それほどの内実とポエジーをもっているからだ。

何よりも、道元は詩人だった。詩人的直観と詩的造語力を、抜群にもっていた人だと思う。私は専門家ではないが、一読者として折にふれて『正法眼蔵』を瞥見していて、かつてはっと胸をうたれたことがあった。

そのことばが右にあげた「梅花力」であった。じつはその所以をもって右の部分を掲げた次第である。

私も「――力」ということばが好きで、人間力などをしきりに頼りにしているのだが、有名になった老人力もふくめて、世に「――力」が多い中で、梅花力といった造語のたぐいは、他に聞かない。すごいことばだと思う。

そこで以前、この発想の根源に興味を持ったことがあった。

じつはこの前後を、道元は寛元元年（一二四三）十一月六日に書いている。そのよしが文中に見え、「在越州吉田吉嶺寺　深雪参尺大地漫々」とある。「雪漫々」という道元のことばは、実際に身をつつんでいた、越前吉峰寺での風景そのものだったことがわかる。

よく知られるように道元は名門の出である。しかし三歳で父を、八歳で母を失う。冬景色はすでにこの頃から始まり、十三歳で出家に志して以来、道元は雪景色の中を歩いてきた。そして入宋の経験をへて、越前の北国生活の中に、その後の生涯をより多くすごした。だから雪漫々は、身の内にも外にも、尽界を埋めつくしていたものだといってよい。

じつは私は、久しく日本文化を南北構造でとらえようとしてきた。日本文化は明るさと暗さ、軽みと重みといったあい対立する価値観や好みによって重層化され、調和されてきた。『奥の細道』も、この「北」を求める精神の旅路であり、紀州の心敬が仏教を通して体得した美感も「北」のものであった。

その「北」への旅人に、道元を加えることができる。

雪が内にも外にも降りしきっているがゆえに、梅は梅花力を発揮することができる。

そして万能の力を梅花力という単語に濃縮した、贅肉のない表現も、饒舌な説明をいっさい排して、冷厳な論理を積み重ねながら、するどく叙述していく、詩とさえいっていいような文体も、これはまぎれもなく「北」の文体である。

二

さて、それでは「北」の文体で道元が語りかけてくるものは何か。

先にあげた「雪漫々」とは、先師の天童古仏が「見る目（眼睛）を持たない時は、雪の中に梅の花がただ一枝あるにすぎない」といった詩をうけた話題である。

反対に「眼睛」をもってみれば、天上の天花、人間の天花その他その他十方無尽国土の諸花は、みな雪裏の梅花の一族である。梅花の徳によって花が咲いたのだから、百億の花はすべて小梅花というのがよい、と道元はいう。

そして一方、雪についても、雪漫々たる嵩山《すうざん》や釈迦が修行した雪山（ヒマラヤ）と考えてはいけない。見る目をもった瞿曇の目には、雪漫々たるものは大地であり、雪漫々でなければ大地はない。

つまり「雪漫々」というのは大地のすべてが雪にあふれているという意味で、すべての世界とは心のあり方によってきまり、全世界は花の心にうずまる。この花の心によって全世界は梅にあふれる。これこそが瞿曇の正当な見方である、と道元は説く。

老瞿曇（天童如浄）のことはさておき、雪中の一枝の梅をみるものが、じつは百億の花を現わすものであり、雪も眼前の一つの風景にとどまらず、全世界の姿としての漫々たる雪だと考える。これが道元の思想である。

さらに先ほどはもう一か所あげた。これも右の思想と通いあう。

こちらの文章で「歳寒の心」とか「朔風」、「渓林」というのも、法演禅師の詩にもとづくことばで、禅師の詩は簡単に紹介すると、「北風が雪と一つになって渓林に吹き、万物はじっと息をひそめているが、恨みは深くない。ただ嶺の梅だけが意気さかんで、冬至を迎える前から、年末の気分を示している」というものである。

そこでこの詩について道元はいう。そもそも梅花の消息に通じていなければ、ここにいう「歳寒の心」もわからない。梅の花はすこしばかりの功徳を朔風に和合させて雪としたのだ。推測すると、風を吹かせ雪を降らせ、歳月に秩序をもたらし、渓林のすべての物を存在させたのも、すべて梅花の力だということがわかる、と。

自然の巡行、季節の変化、そして万物の存在までを梅花の力によるという考えを、自然科学的に説明することはむずかしい。

しかし先ほどの雪漫々たる大地に咲く一輪の梅が、全世界に花をあふれさせたように、この詩でも単なる嶺の花は、嶺の花にとどまらず、秩序正しく運行する天地万物の表象としての姿を示す。梅花が百億の花を従えたように、この梅も万物を従えるものとして見ることが正しい、道元はそういうのである。

道元は別のところでも「柳の芽が新しい枝に芽ぶき、梅の花が古い枝にあふれる」という詩について、梅花はすべて旧枝、梅花は旧枝と通じ合うといって、釈迦と迦葉との間に教義の通い合うたとえとする。

要するに梅の花は枝に咲くものではなく、花と枝とは同じものだという考えである。そういわれれば、花をいっぱいつけた枝から、これは枝だから不要とばかり花だけをちぎって鑑賞する人はいない。枝にあふれた花をみて、枝を無視しつづけて花を鑑賞しようとする人もいない。

話はさらに拡大することになるのだろう。嶺の梅を、単独にそれのみを風物として見ることはむしろむずかしい。歳晩のころの満目の風景の中にある梅であることの方が自然だろう。その風景の代表として、ひとり咲く梅が目に映るのだから、梅花力を感じるのも不自然ではない。そしてさらに、雪の大地が中国インドにまたがり、春一番の花といわれた梅が、以後の花のすべてを従えてもふしぎではない。

つまりは道元は、自然に見えるままに、われわれの目を全景、全宇宙に向けよと、うながしているのである。

全宇宙といっても、細部は微小である。花と枝を区別しないことも、全宇宙への目である。雪中の花から雪と花、花と大地、そして大地と心とを切り離さないことが、全宇宙への眼ざしである。じじつ、雪漫々たる越前にあって、仏徒たちは雪といえばすぐ嵩山や雪山を思い出してしまうだろう。しかしそれにすら限定されない心を喚起することが正しい。道元のことばでいえば、それこそが「眼睛」の見ることとである。

それでは詩人・道元が極北の精神をもって凝視しようとした、この全宇宙的存在を統率し、秩序化するものは何であったのだろう。

あえて「梅花」という章を立てて説こうとしたように梅花を表象とする物は何か。すでに紙幅を残さないが、それは、遍在する物そのもの、としての「仏性」であったらしい。

しかも、物が仏性によって存在するのではない。存在そのものが仏性だと考えるところが、道元の思想の根源であった。梅花の仏性についても「仏性」の章に説が見える。

なかにし・すすむ　国文学者。成城大学、国際日本文化研究センターなどの教授、大阪女子大学長を経て帝塚山学院学院長。「万葉史の研究」等で学士院賞、「源氏物語と白楽天」で大仏次郎賞。歌会始の召人にも。東京大学大学院修了。一九二九年、東京都生。

インタビュー

只管

※只管

隣の芝生はより緑《あお》く見えるものであるが、他所見脇見ばかりしていると、己が面前の真っ直ぐなる白道が目に入らない。

現代人は面を洗って出直そう

養老孟司

「身心」にあらわれる道元の思想

――かつて養老さんは、「〝塀〟を築いて暮らすことにおいて、現代の日本は江戸時代の延長である」と発言しておいでです。あらためてうかがいたいのですが、「塀」とはどのようなことを指すのでしょう。

養老　ひとことで表現すれば、秩序を重んじた人工的な社会のことです。その城壁のなかにおいて、われわれは安全を確保し、暮らしを築いてきたわけです。「城壁の外にある暗い森には、〝魔女〟が住んでいるんだぞ」（笑）といった恐怖感を抱かされながら。

――いまの世の中、塀のなかにこそ、ほんものの魔女がたくさん存在しているように思われます（笑）が、そう仕向けたのは幕府ですか。

養老　それまでのように国のなかで喧嘩ばかりしていたのではまずいと幕府は考えたのです。そのために、秩序立った社会をつくりあげました。

――それ以前の、たとえば、織田信長らが活躍した安土桃山時代について、養老先生は「混乱のうちにも変革へのエネルギーに満ちた、とらわれることのない生き方のできる時代だったのではないか」と評価しておいでです。では、道元が生きた時代、鎌倉時代をどうとらえておいででしょう。

養老　ぼくは、歴史上において身体《からだ》がどういうふうに扱われてきたかについて、とても興味を持っています。たとえば、日本には身体を非常にはっきりとした「型」で扱う伝統があります。その典型ともいえるもののひとつが坐禅です。そんなこともあって、鎌倉時代というものに、とても関心がありますし、面白い時代だとも感じています。

――鎌倉時代といえば、武士の時代、戦いの時代といったイメージが強く、それ以前のどこか長閑な印象の平安時代とは趣が異なります。

養老　平安時代もまた現代の日本に似ています。一種の「都市化」がすすんだ穏やかな時代です。これに対して鎌倉時代は都市が崩壊に向かい中世を迎える、いってみれば、歴史の節目となる時代です。

――そのような時代だからこそ、道元はじめ親鸞や日蓮らの手によって新しい時代の仏教が誕生したのだと思います。歴史上、身体がどういうふうに扱われてきたか興味があるというお話でしたが、「死」そのものに対する意識も現代のわれわれとは異なっていたのでしょうね。

養老　鴨長明の「方丈記」を見ても、それはうかがわれます。隆暁という京都・仁和寺の僧が、飢餓により路頭に倒れた死者の額に「阿字（梵字。すべての物の不生不滅を表現しているとされる）」を書いていった、その数、ふた月で四万二千三百余りに上ったと、淡々と記されています。都といえども、ことほどさように、死は身近なものだった。〝塀〟のなかで暮らし、ほとんどの人が病院で死を迎える、日常から死が隔離されてしまった現代とは大きな違いですね。

――道元が親鸞や日蓮らと大きく異なっていたことのひとつは、身体をどう扱ったのかという点にあったわけです。坐禅だけではなく、道元は食事の準備や掃除なども修行の一環として重視しました。

養老　たとえば、日蓮宗は論争を好んだ。激しい他宗批判に、信長は天正七年(一五七九)、浄土宗との宗論を企て、日蓮宗側を敗北に導いたのもそのひとつのあらわれといえます。これに対し、道元には「理屈を言う前に体を動かせ」といった日本に昔からある考え方の端緒があるようで非常に面白い。現代では一般的に、精神と身体を意味する場合、「心身」と書きますが、「正法眼蔵」では、「身」を上にした「身心」がつかわれています。道元が身体を優先していたことが、そこにもうかがわれます。

「生きる知恵」に優れた鎌倉時代

――その端的なあらわれが、坐禅であり、「只管打坐」という教えだと思います。身体の「型」という観点からご覧になって、雑念を払い、精神を統一するうえで、坐禅のあの形は最も適しているのでしょうか。

養老　それがぼくにはちっとも分かりません（笑）。そもそも、坐禅というものが、どんなふうに、何の役に立っているのか。だいたいにおいて、役に立つ、立たないといった文脈で考えるべきものなのか。インドにはじまり中国を経由して長い時間をかけて日本に伝来し、現在でもたくさんの人たちが親しんでいる坐禅です。単に精神を集中するとかしないとかいった問題ではないと思います。ただ、正直に言って理解が及ばないところがあります。

――「坐禅についてまったく分からない」という率直な発言は、多くの日本人の声を代弁しているともいえます。これは結局のところ、さきほどお話にもあった「都市化」、「塀のなかの人工的な社会」に大きな原因があるのでしょうか。

養老　カブトムシやクワガタがデパートで売られている時代です。都会に暮らす人間にとって自然そのものが現実感に乏しいものになりました。もはや、自然は存在しないと同じだといっていいでしょう。自然どころか、その一部であるはずの、自分が持っていて、どうにも離れられないものである身体すら、所有していることを忘れているかのようです。忘れているだけではなく、肉体を衣服で飾ることによって消し、さらに体臭までも消そうとすることが価値あることとされています。テレビを見ていたら、評論家と称する女性が、電車のなかでお母さんが赤ん坊にお乳をふくませるのはマナーの問題だと喋っているのを聞いて、呆れ返ってしまいました。昔なら人間の生理現象として受け入れられていたのに。そういったところに、現代社会においていかに身体が無視されているか端的にあらわれています。身体が個性を持って受け入れられているのは、いまの世の中では、ほんの一握りのスポーツ選手だけではないでしょうか。

——たとえば、どのような人たちですか。また、身体が個性を持つというのは。

養老　大リーガーのイチロー、松井選手、マラソンの高橋尚子さん、元横綱の貴乃花らです。脳みそで小賢しく考えてこう打とう、こう走ろうというのではなく、野球でいうならば、ボールが止まって見えてしまう、向かってくるボールの縫い目が判別できてしまうといった、身体の本能的な特性といったようなものです。

——ほとんどの現代の日本人が身体を無視しているのに対して、道元は逆に、まず身体をひとつのはっきりとした「型」としてとらえたということですね。

養老　現代では「型」といえば、「型通り」などの言葉のように、どちらかというと否定的な意味でつかわれていますが、元来はそうではありません。「型」というのは、身体の扱い、「所作」のことで、お茶などもその典型のひとつです。その動きは、無心でなされなくてはなりません。歩くときに身体のどのような機能がどのように働いて歩いているのか考えたりしないように、いつの間にか身体が動いて、いつの間にか終わっている。そのような意識のレベルまで到達したとき、それを「型」と呼べると思います。坐禅のことは何も分からないと言いましたが、分からないこと自体、現代のわれわれが昔の人たちより馬鹿になっている証拠です。道元のように歴史上の傑出した人物が、なんの意味もないことをするわけはないのですから。

――〝塀〟のなかで大いに科学技術は発達させたわれわれは、道元の時代の人びとに比較し、身体をないがしろにし、脳みそだけを肥大化させたという意味で馬鹿になっているというのですね。

養老　月にロケットを飛ばすことができるようになったからといって、人間の知恵がすすんだとはいえません。ロケットは、「ああすれば、こうなる」といった科学的な理論を単純に適用しただけです。〝塀〟のなかに暮らして科学を発展させたからといって、たとえば、せっかくの豊かな緑を切り開き、薬を撒いてそこに育てた芝生のうえでゴルフを楽しみながら健康を口にしているようでは、日本人の生き方はだいぶ狂ってしまったと思われても仕方がありません。そういった意味では、鎌倉時代の日本人の方が、現代のわれわれより「生きる知恵」を持っていたといえます。道元ばかりではなく、たとえば、日本の美術における身体表現のルーツともいえる運慶の彫刻を見てもそのように感じます。

「方丈記」と「平家物語」のすごさ

——身体の表現もそうですが、先ほどお話に出ました「方丈記」も当時の人たちが「生きる知恵」に恵まれていたことを示しているような気がします。自らの肉体まで消そうとし、現実の死から隔離されながら生きている現代人には、「方丈記」はいったい何がいいたいのか、ほんとうのところは分かるのでしょうか。

養老 「方丈記」の冒頭の部分は、大変なことを言おうとしています。レトリックだとする方もいるようですが、あれは哲学です。

――「ゆく河の流れは絶えずして、しかももとの水にあらず。よどみに浮ぶうたかたは、かつ消えかつ結びて、久しくとゞまりたるためしなし。世中《よのなか》にある人と栖と、又かくのごとし」の部分ですね。

養老 すごいのは、「世中にある人と栖と、又かくのごとし」のところ。まったく同じように見える河の流れも、わたしが見た河の流れとあなたが目にした河の流れでは、その中身はまったく別のものになっているのだ、そして、それは人間も住処も同じだ、われわれもまた行く河の流れであるというのです。いまの人たちに、そういった物の見方ができるかといえば、できない。たとえば、テレビや新聞などで洪水のように流される情報に接しながら、情報は毎日、変わっていくけど、わたしは変わらない、わたしはわたし、個性のあるわたしなんだと信じているからです。

――「平家物語」の冒頭「祇園精舎の鐘の声、諸行無常の響あり。沙羅双樹の花の色、盛者必衰のことわりをあらはす」もまた、「方丈記」の「ゆく河の――」とその意味するところは同じですね。

養老 「ゆく河の流れは」は目で、「祇園精舎の鐘の声」は耳でとらえた万物流転の表現です。鐘の音はいつもいっしょです。しかし、耳にする側は、いつも生まれ変わりつつあります。だから、音色も違って聞こえます。

――生物学的にも代謝によって、たとえば、細胞は日々、生死を繰り返して入れ代わっていきます。わたしはわたしではあるけれども、去年のわたしとことしのわたしとでは生物学的にも大いに変化していることになります。

養老 万物は流転し、諸行は無常です。行く河の流れは毎日、変わってゆくからこそ、六十年も生きていれば、髪は白くなるのです。いまこうして話していても、たとえば、もう一度、同じおしゃべりを最初から繰り返してみろと求められても、それはできない。なぜなら、ぼくはもう喋る前のぼくではないからです。おそらく中世の人たちは、「時々刻々と変遷するいのち」を発見したのです。たぶん、道元の世界というのは、いまお話ししたようなものだと思う。そこが納得できないと、現代のわれわれに道元はまったく理解できないのではないでしょうか。

――〝塀〟のなかに暮らす現代の人びとが、道元に坐禅を教えてほしいと頼んだとしたら、道元はいったい、どのような反応を示すと想像しますか。

養老　馬鹿者、面を洗って出直してこい。坐禅以前の問題だ——そのひと言でおしまいでしょう（笑）。

ようろう・たけし　解剖学者。東京大学医学部教授を退官後、北里大学教授。宗教、文化、文学等の評論活動を展開。著書に「からだの見方」（サントリー学芸賞）、「唯脳論」「I KNOW YOU脳」（小社刊）など。東京大学医学部卒。一九三七年、神奈川県生。

暮らしこそ基本

中村桂子

同じものが生み出す違い

――遺伝情報を保存・伝達するＤＮＡ分子の二重らせん構造が分子生物学者、ワトソンとクリックによって明らかにされたのは一九五三年（昭和二十八）のことでした。それから半世紀、遺伝子研究は発展し、殊に最近は、「遺伝子」「ＤＮＡ」という文字を新聞や雑誌で目にしない日はないほどになりました。

中村　おっしゃるように「遺伝子」「ＤＮＡ」ということばが新聞・雑誌・書物に頻出しています。ただ、生きものの本質を知りたい、その成果を多くの人とともに楽しみたいと願って生物研究に携わってきた者としては、ゲノム（細胞核内にあるＤＮＡの総体）の解析が進展しはじめたあたりから、何か様子がおかしいと思わざるを得ません。

——ということは、研究の発展を率直に喜べないということでしょうか。なぜですか。

中村　三つの側面があります。一つは、分析結果はたくさん出たけれど、それをどう処理したら、生きものの本質に近づけるのか、まだ、方法がよく分からない。学問としてのちょっとした行き詰まりです。いま、多くの努力がなされています。第二が技術からの要望が強すぎること。遺伝情報を新薬や病気の新治療法の開発に役立てることは重要ですが、経済、産業面が前面に押し出され、人間の生命がその波に巻き込まれています。

——平たく言ってしまえば、いまの世の中はお金の時代です。最も大切なはずの自然やいのちまでも、場合によってはお金の犠牲にされています。だからといってこれまでの研究の成果が無に帰したわけではないと思います。三つ目の側面とともに、遺伝子研究の最大の成果とは何か教えてください。

中村　いまの質問への回答が三番目となります。それは、地球上のすべての生きものが、遺伝子の基本を共有していることを明らかにしたことです。「わたしのゲノム」の遺伝子の組み合わせは唯一つのものですが、「わたしの遺伝子」はない。遺伝子は、すべての生きものの共通「部品」です。数万ある遺伝子の、aとbとcの組み合わせで「わたし」、ゴキブリはcのところが違うという具合です。姿、形も生き方も違いますが、DNAという基本は同じです。「同じものが生み出す違い」が、虫を虫に、犬を犬に、猿を猿に、ヒトをヒトにしているのです。

――ゴキブリと基本的に同じであることが科学的に事実であるとしても、少々、ショックです。

中村 実は、おかしな例を出したのは、中学の国語の教科書に採用された文章の冒頭に、人間もゴキブリも基本は同じ仲間である――と書いたところ、ぼくは絶対、ゴキブリなんかと仲間じゃないという反論の手紙が送られてきたからです（笑）。ゴキブリでなくて、チョウでも桜の木でもよかったのですが、高層マンションに暮らす子どもたちにも身近に感じてもらえる生きものって何だろうと首をひねったところ、思いついたのがゴキブリでした。

直感的に理解していたいのちの平等

――「わたしの遺伝子」というものは存在しないというお話でした。では、「自分には子どもがいないから遺伝子はのこせない。だからクローンが欲しい」という人もいますが、そういった意見は的外れということになります。あらゆる生きものが、自分と同じ「部品」を持っているわけですから。

中村　生物学的にみれば、人間のクローンは無意味です。生き物は何億年もの歳月をかけて無性生殖から有性生殖へと変わり、生命の多様性を生み出したのです。それを捨てるのは逆行です。

——倫理的にどうこうというより、生物学的な問題ですね。

中村　ヒトがヒトになるという「進化」の過程と固体を産む「発生」、そして、生物間の関係で生じる「生態系」の三つをゲノムの働きとしてとらえていけば、多様な生物の魅力がこれまでにも増して見えてきます。

——話は少々、戻りますが、人間とゴキブリの遺伝子が基本的に同じというくらいですから、DNAのうえでは人間同士、まさに「みな兄弟」といえるのでしょうね。戦争などでいのちを奪い合うのは残酷な「兄弟げんか」です。

中村　DNA研究から「人種」は存在せず、ヒトは一種とされました。種内での殺し合いというのは、生物界ではほとんどないのですが。難しい問題ですね。

――すべての生きものはみな仲間、DNAという基本は対等であるという考え方は、宗教にも通じるように思います。

中村 遺伝子の研究によって、科学的にそれが理解できたわけですが、お釈迦さまは、生きとし生けるものはすべて平等であると直感なさったのでしょう。道元禅師はじめ日本で新しい仏教を興された方たちも、基本的には人間に差はないということを当然のこととなさったのは、生命の本質を素直に見通すと、それが見えてくるということではないでしょうか。

――宗教は直感で、科学は実証によっていのちの平等性を理解してきたことになります。いずれにしても、科学と宗教の人間のとらえ方には相通ずるものがあるのかもしれません。

中村 京都に暮らすと仏教界の方とお話しをする機会をもつことができてありがたいのですが、生命観、人間観、自然観について共通の基盤を感じます。自然、生命、人間を見つめると同じものが見えるのではないでしょうか。

――類似点がある一方、科学者と宗教者ですから、当然、いろいろと相違もあるはずです。たとえば、禅宗では坐禅によって悟りがひらかれますが、その点についてどう思われますか。悟りの瞬間は、幻覚にすぎないという医学者もいます。

中村　脳内の物質などを調べればそのような現象が見られるのかもしれませんが、それは説明にはなりません。生きものの構造や働きとして科学が明らかにしたことは、生命について考えるための素材として最高のものを提供しているわけですが、それですべてを説明しようとすると間違うと思うのです。

——科学では割り切れないグレーゾーンをカバーするのが、たとえば、宗教ということになるのでしょうか。

中村　宗教や芸術はもちろん、日常の暮らしすべてが生命に関わるのではないでしょうか。人間はだれもが、生きるってどういうこと、わたしってなあにといった答えのない問いを発せずにはいられない存在なのであって、そのような疑問を考えつづける方法として、ある人は科学を、またある人は宗教を選ぶのだと思います。

いまでなくてはできないことを

——遺伝子の研究といえば、難解さもそうですが、日常の暮らしとかけはなれたイメージがありますが、自然や人間、いのちを見つめる学問であるとのお話ですから、とても生活に密着しているといえます。

中村　生きものの研究ですから生活にかかわりのあるのは当然です。生きものを扱う場合には、研究であっても愛おしむ気持ちがなければよい研究はできないと思うのです。研究は勝手にすすめて、そこに倫理で歯止めをかけるというやり方は望ましくありません。研究者自身に、生きものを愛おしみ、日常生活を大事にする気持ちがあれば、自ずと研究のやり方は決まると思います。生命を大切にすることの基本は、暮らしにあると思います。

――そういう意味では、食事や掃除などを修行の一環として位置づけている道元の教えと通ずるものがあるのかもしれません。

中村　道元禅師については、『正法眼蔵』も解説つきで読みましたが、ひとつひとつの言葉の意味を充分理解するのは難しくて。ただ、いまのご指摘はその通りだと思います。ご縁があって、宗教学者の山折哲雄さんと往復書簡を交わしておりますなかで、永平寺の修行僧たちは食事の際に両手で器を扱うので、大勢で食べているのにコトリとも音がしなかったと綴っておいでででした。それは、形として両手を使うというだけでなく、器も、そのなかの食べものも、とても大切なものとして扱っているからなのだろうと思いました。そのようなこころが作法となる。そこにこそ、たくさんの意味がふくまれているのだろう、と。

――宗教や科学にかぎらず、なにごとも大切なものは、偉そうな理論とか思想、哲学といったものにではなく、日頃の暮らしにあるのかもしれません。

中村 その通りです。わたしの場合、人間も生きものなのだという感覚、つまり、「生きもの感覚」を生かして暮らすようにしましょうと言っています。すると、日常の動作が自然の理に適ったものになり、無理なく、しかも、あまり勝手でなく暮らせます。道元禅師の教えもこんなところにあるのではないかと思っています。

――たとえば、「正法眼蔵」の「現成公案」にもいまのお話に通じるものがあるような気がします。「前後際断」ということばが使われているのですが、その意味するところは、いまここに生きている自分、ここにある暮らしが全てなのだ、それ自体、完結しているのだ――というところにあるといわれます。

中村　なるほど。共感しますね。わたくしは「ライフステージ・コミュニティー」を提唱してきました。つまり、人生は乳児期、幼児期にはじまり、青年期から中年となって老年期を迎えるわけですが、人生のそれぞれのステージに応じて、そのときでなくてはできないことを大切にして生きていこうということです。三歳の子どもには三歳でなくてはできないことがあります。また、お年寄りにはそれまでの人生経験をいかしながら、その世代でなくてはできない生き方があるはずです。ところが、いまの社会はどうでしょう。子どもたちは、よい学校や会社に入るために勉強しなさいと、親や教師にお尻を叩かれ、その年代にすべきことができなくなっています。日本語もまだ満足に話せない三歳の子に、生活に不可欠でない状態のまま英語を勉強させてどうしようというのでしょう。それより、道端の花や蟻と仲良く遊びながら、「生きもの感覚」を身につけて欲しい。すべての生きものはＤＮＡによってつながっている仲間なんだという意識を、頭で分かるのではなく、身をもって育むことです。

――そういった生活が送れる社会は、子どもたちに幸いをもたらすばかりではなく、生活に疲れた中年世代の自殺者の数を減らしてくれるでしょう。

中村　よい大学、よい会社をめざしてまっしぐらに突き進んできた働き盛りの男性たちが、もしかしたらいまの時代、社会的にも家庭的にも最も辛くて不幸せな生活を強いられているのかもしれません。

――社会的にも経済的にも安定した暮らしが待ち受けているに違いないと、やりたいことも我慢し、ひたすらめざしていたところは、実は「地獄」だったといったところでしょうか。

中村　人生は積み重ねです。ほんとうにそのときそのときを大切にした生き方をしなくては、生涯を終えるときに、こんなはずではなかったと後悔することにもなりかねません。道元禅師の教えと、そんなところに接点があるとしたら嬉しいのですが。

なかむら・けいこ　生命科学者、JT生命誌研究館館長。生命を大切にする社会の実現を願い、生きものの長い歴史を読み解く「生命誌」を提唱、実践している。著書に「生きもの感覚で生きる」「生命誌の世界」など。東京大学理学部卒。一九三六年、東京都生。

「典座教訓」のはなし

辰巳芳子

「自己をならふ」の表現にショック

――道元禅師が料理を作る心構えとして書きのこした「典座教訓《てんぞきょうくん》」を繰り返し読まれていると聞いておりますが。

辰巳　人間はなぜ食べなければいけないのか、生物が生きていく必要条件として、息をするのと同じように食べるという行為は不可欠なことなのだ、それは頭の中で理解している。でも、食べるということは余りにも日常茶飯のことですからその中に哲学を思索するのはとても難しいことです。

――子どもであれば母親が、夫であれば妻が三度の食事を用意してくれるのは、当然のことだと考えていますね。ともすると食事が用意されることはごく当り前のことであり過ぎて意識すらしないこともあります。

辰巳　そうでしょうね。私も或る時まで無意識にその作業を反芻していました。しかし或る日、費やした労力に対して報われることの少なさを思ったのです。そしてこれからも毎日、食べることの意味を探り更に深めていくということは、自分自身を知ろうというようなことに似てそう簡単なことではありませんでした。台所仕事を心から受け入れるには自分で乗り越えなければならない壁がありました。そんな時分、鎌倉円覚寺のお坊さまに「典座教訓」があると教えていただいたのです。

――辰巳さんは敬虔なカトリック信者として知られていますが、聖書の中にその答えを見つけることは出来なかったのですか。

辰巳　内容としては聖書にも同じようなものはあります。同じだけど、ちょっと違うフィルターで掬っている気がします。それは東洋の人々の自然観かもしれません。さらに道元さまの言葉は私にとって、ものすごい力があるんです。多分共通の風土を生きた、その言葉は足場として立ちやすい言葉なのでしょう。これは『正法眼蔵』の中ですが「仏道をならふといふは、自己をならふ也」という言葉があります。「自己をならふ」。こういう表現が私にとって初めてでショックでした。これほどまでの言葉が存在するのかと。

――その言葉を具体的には、どう受けとめているのでしょう。

辰巳 自分の成すこと、自分の良い点と足らないところを正直に、有るものはある、無いものはないと正直に認めること。自分の良いところを否定するのでなく、有難く感謝することでしょうか。とにかく道元さまの書かれたものを繰り返し読むうちに、説かれていることがとても気持よく感じられるようになりました。

――キリスト教と禅宗を比べた時に、身近なところでどこが一番異っていると思いますか。

辰巳 カトリック信者としての私は、禅宗の方々のように自分を問いつめないようです。自分を見つめるより主イエス・キリストを見つめて生きる方が明るく生きられます。達磨さまのように「面壁九年」なんて、とてもとても。時には自分すら忘れてしまう方が生きやすいこともあるでしょう。

――道元禅師がなぜ料理の本を書いたのか。道元は仏の道を求めて宋に二十三歳の時に渡った。或る日、道元の船へ阿育王山の典座だという一人の老僧が椎茸を買いにやって来たことにこの一書は始まっています。その時、船に引き止めようとする道元と典座との間で交わされた問答が「典座教訓」を書くきっかけとなった。

辰巳　道元さまは生まれ育ちのよい、位の高い方でしたから、食べるとか食べられるとかは、常に身辺に整えられていた一つに過ぎず天然自然現象のようなものであったと思いますね。それだけに老僧のおことばは胸に深く響いたのでしょう。

――「ゆっくりお茶でも」という道元に、老僧は「修行僧たちの明日の食事の仕度が待っている」と答える。すると道元は「山内にはあなたの他に幾らでも食事の用意をする人はいるでしょう」と更に引きとめる。その先が「典座教訓」のバックボーンとなる問答ですね。里見弴「道元禅師の話」（岩波文庫）にとても分かりやすく書かれている。

典座　拙僧《わし》は六十一歳でこの職《やくめ》を掌《あずか》っている。いわば耄《おいぼれ》の弁道《しゅぎょう》じゃ。なんとして他に委されよう。それに、出かける時、一泊の暇を請うては参らなかったわい。

道元　失礼ながら、その御高齢ならば、なぜ坐《ざ》禅弁道《ぜんべんどう》、あるいは古書でもお繙《ひもと》きなさいませんのです。典座のような煩わしい職《やくめ》で、只管に作務をなさいましたところで、なんの益もないことと存ぜられますが。

すると老僧が大笑いしながら、道元に「あなたはまだ弁道が何であるかお分かりでない」と言う。つまり禅の修行においては雑務に見える食事の仕度も坐禅を組み公案するのと同じであると訓すわけですね。キリスト教では台所の仕事はどのようになっているのでしょう。

世の中を支える万全な家事

辰巳　先年ドイツで日本の食文化について講演をしたことがありました。その時、道元さまの「典座教訓」の話をしました。向うでは修道院で修道院長に匹敵する高位聖職者が台所仕事をされるということはありませんし、それをかけがえのないこととはいえません。思うことなど有り得ません。ですから話しをはじめたらシーンとしました。今は平等になりましたが、昔は高位聖職者とそれを支える下働きの修道僧の階級があって修道生活が成り立っていました。日本にあるキリスト教の学校でも教育を担当する修道女と生活の雑用をする修道女とに分れていて、呼び名もマザーとシスターと異っていた。シスターの中に聖人の位にあげられた方がたくさんいらっしゃる。だから、道元さまのことはびっくりもし興味深いもののようでした。

――道元も台所仕事に重要性を見いだすまでには時間が必要でした。

辰巳　イギリスの分析哲学者のウィトゲンシュタインは、哲学を、浮力に逆らって水中深く潜る技にたとえています。道元さまが中国に行く前に坐禅を組み、教典を学んだ日々は潜水する行為だと思います。そして、椎茸を買いに行くという仕事は浮上する行為だと思います。ウィトゲンシュタインを日本に紹介した永井均は浮力に素直に従って浮上するためにも、又、長い間の哲学的努力が必要だと言っています。人生を全うするにはその両方が必要だと思います。

――つまり辰巳さんにとって、道元は一見雑務に見える台所仕事の中に哲学的な意味づけをしてくれているということですか。

辰巳　ええ。これは女性にとっては救いですね。具体的な言葉を以って台所仕事にそのような意味を与えて下さることは、雑務を支える力になります。台所仕事は家事の一端ですが、「典座教訓」には家事全体についてのメッセージがこめられています。私は人生を全うするのに七〇パーセントが家事の力だと思います。良い家事のない所に良い文化は生まれない。健康も経済も愛もそれを育むのは家事。家事がなだらかでトゲトゲしくなく行われないと人は清朗には生きられません。世の中の学問、芸術、仕事を支えているのは万全な家事です。そのありがたさ、意味合いが忘れられてしまっている。家事の存在を過小評価したことで人間は多くを失った、なかでも克己心を失って来ました。昔の人は取るに足らないものの積み重ねが人生であるということを、家事を通して学んでいたのです。

——実際の台所仕事の中で「典座教訓」によって具体的に教えられたことは何でしょう。

辰巳　道元さまの「只管打坐《しかんたざ》」というのはひたすら坐るということですね。ひらすら坐禅を組むことによって我を忘れる——無心になれるわけです。「我」がありますと、本来、必要のないところに目がいってしまいます。他人の手元が遅いとか、材料に不満を持ってしまったりとか余分な分別が入ってしまいます。我が抜けない限り、向き合うべき物と向き合えません。我があると仏さまと出会う妨げになるのでしょう。私は台所仕事を通して無我になることを道元さまに教えられました。

――道元の料理観というようなものが「典座教訓」の中に読みとれますか。

辰巳　道元さまが「食べる」ということを人が生きる上で、どれ程の意味を持つと考えておられていたかは分りません。しかし、食べるという行為で「自分への手ごたえを持つ」という意識が信じることの根本を育てると思われていたのではないでしょうか。人は食べることによって自分への生命の手ごたえを感じ、食べることによって自分の生命を信じて立つ、という心の態度が仕上っていく。食べるというのは、生きるという実存のための根源にあります。これが私の食べるということの基本的な考えなのです。

――と言われても人はそこまで食べるという行為を意識しません。そして食事は一日に三回、これが三六五日繰り返されるわけですから、一食や二食、或は朝メシは抜きでも結構というのが現実ですね。

辰巳　朝、パンと飲み物だけで働く人を送り出してしまうという話をよく聞きます。食べ物を作るということは「生きる」ということを受容するに等しいことを忘れてはいけません。一般の家庭はもちろんですが、特にお料理屋さん、プロの料理人の方に肝に銘じておいて欲しいのは、お出しする料理がお客様の命を支えるのだという意識を持つということです。

――道元は「食べる」ことと「命」について具体的に触れていますか。

辰巳 「生命」とは何か、これは誰も説明は出来ないでしょう。生命の意味は行動で説明するしかない。言葉では成し得ない、ということが漸くこの頃分りかけて来ました。聖書の中のヨハネ福音書で主イエス・キリストは、生命の上にくりかえし「永遠」の言葉をつけて「永遠の生命」といわれています。考えてみるとキリストの十字架と復活が、生命とは何かに対する答えではないでしょうか。ですから道元さまの「食」という捉え方は、食べることよりも「つくる」ことに非常な意味を与えていると思います。

日常茶飯事に着眼した偉大さ

――道元は、惰性を厳しくいましめています。

辰巳 まったくそうだと思います。「物我一如」などとても分りやすい教えだと思います。物を扱う時には自分の目、鍋釜は自分の頭を扱うようにと。この言葉を知っているから台所仕事をして行く中で、物に導かれていく自分に気づいたのです。はしょったり手を抜いたりすると味は良くない。例えば茎と葉先は別々にゆでる。手順を踏む、物を言わない物に従っていくと、言葉でない言葉が自分に教えてくれる。仕事一般について言えば、段取りということです。その段取りの仕掛けは別に難しいことではない。手順を踏んでいけばいいのです。実に単純で平凡に見えることの中に進歩の鍵があると思います。

――怠けることも又厳しくいましめています。

辰巳　次の例は直接、料理とは関係ありませんが「心をこめる」という事で母の言葉を思い出しました。或る時、お客様が来るからということで、私は母に突如そうじを頼まれたことがあります。母が要求するそうじの程度は何段階かありますが、その時は最高のランクが求められていると思い、二度はき、つやぶきをしましたが、母は私のやり方は利己主義のそうじだと言ったんです。それは蚊帳の吊り手をハズすのを忘れてしまったことを指摘したのです。その吊り手は緑色の紐《ひも》に赤いヒョウタンが付いているのではなく、ちょっとしたフックが引っ掛っていたのです。だからそれは見苦しくないと子どもも心に感じたんですね。母は「あなたはキリスト教信者であるのに心のこめ方」を知らない。真心がないとは言わなかった。こめ方が足りないと言ったのです。母は一生心のこめ方を自分に課した人でした。

——確かに手順を踏み心をこめればいい物は生まれてくるでしょう。しかし、文明の発達は生活の中に「合理化」を持ち込みました。必ずしも順番通りに事を運ばなくても同じような結果がもたらされることになる——。

辰巳　食文化の日常性は、言語の日常性と類似しています。きっちりした美意識に支えられませんとやすきについて、乱れてゆきます。たとえば、電気釜の普及は間違いなく便利になったということは否定しません。しかし反面、「米——炊飯」の原則を知らぬ人が増えています。それが何を意味するか、何を招くか、きっとその内に何かが見えて来るでしょう。合理化ということは手抜き、簡単料理という心さびしいものでなく、食材の質を熟知することで料理を改善し調理の荷を軽くする、本質を追求し、分析するということです。

——「典座教訓」に書かれていることを要約すると「物を粗末にするな」、「料理は心をこめて作りなさい」ということだと思います。道元は又、この瞬間に全力を尽くせ、明日に帰ることは出来ないと言っています。

辰巳 「味」というものの本質を考えてみて下さい。今の文明社会は、視覚、聴覚、触覚の文化にとどまらず嗅覚に属するものでさえ形として残せます。しかし料理の「味」、味わいは、後世どころか、それを口にした本人のためにさえ残すことが出来ません。二度と味わうことの出来ない「その時の味」なのです。だからこそ、この瞬間に心をこめて作ることが大事なんです。

道元さまの偉大さは、日常茶飯事に着眼されての大切さに気づかれたこと。気づかれたのは道元さまのそう明さ、気づき—練習量のないところに気づきはありません。だから道元さまは勉強が深かった。そしてその奥にある意味あいを一つ一つ言葉にされていった。

例えばイタリアの画家、モランディは至って身近なビンやツボを生涯描きつづけます。それは微妙な変化と共に、極致に達してゆきます。セザンヌの「サン・ビクトアール」も六十回以上描いたと言われています。そういう中に立ち上がってくる変化が本質だと思います。

――ありがとうございました。

たつみ・よしこ　料理家、随筆家。日本の食文化、食といのちの関わりに積極的に発言。NPO「良い食材を伝える会」代表理事。著書に「味覚日乗」（小社刊）、「家庭料理のすがた」など。料理研究家の辰巳浜子は母。聖心女子学院卒。一九二四年、東京都生。

典座《てんぞ》は禅寺で台所を担当する僧侶の仕事を言う。多くの修行僧が生活する禅寺では食材の調達にはじまり、献立づくり、調理、片づけに至るまで典座の仕事である。「典座教訓」は道元禅師によって書かれた料理に関係するソフト・ハード両面を説いた一冊である。

エッセイ Ⅱ

佛之道

※仏道

「道」はさまざまなる手段をもって表現することの意もあることより、仏のなんたるかを身心をもって体現することになっている。

泣きながら北に馳せゆく
もう一つの身心脱落

宗 左近

『正法眼蔵は、凄いよ。西欧崇拝の日本の文化人は、鉄槌を食らうにきまっている。重い腰をあげてみたまえよ』。

二十歳すぎから、幾度も、そういわれた。途中まで、読んだ。これでも、日本語なのか。ほとんどの東洋古典よりきびしく、わたしを撥ねつけた。

それでも、一九六五年七月から翌年四月までの初めてのフランス滞在の時、読まないことに決めていたフランス語の本のかわりに、あちらこちらに目を晒らした。気になっている件《くだ》りがあったからである。

これより以下、一九九〇年刊の岩波書店版『原典　日本仏教の思想』の、道元・正法眼蔵上・下によって引用する。まず、その上巻の「山水経」のなかに、次の言葉があって、初めて読んだときから、わたしを捉えていた。

大陽山楷和尚示衆云、「青山常運歩、石女夜生レ兒」。

二度目に読んで、なお深く同感した。《木の繁っている山は、いつもいつも歩いているんだよ。石像の女は、夜の闇のなかで、子を生んでいるのだよ。》

そうだよ、そうでなくてはならないんだ、と、わたしは口に出して一人言をいった。嬉しかった。だが、なぜ、わたしは弾《はず》んだのか。

まず、第一に、次の体験があったからである。

小学三年生の夏、奇態な映画を見た。小さな町を小さな川が流れている。その川沿いの道を、一人の少年が通る。川のなかから、手が出てきて足をつかみ、引きずりこむ。そして、河童の少年と人間の少年が入れ替る。

やがて、少年が自宅に帰る。「お帰んなさい、遅かったわね」と、両親が笑顔で迎える。だが、妹だけは目を見張ったまま卒倒する。目の前には、河童の少年の姿しか、なかったのだから。

このわたしの立会った異様な体験のあとに、もっと異様な事件が続いた。翌朝、いつものように、父母とともに朝食の席についた。そして、いつもと違って、わたしは父に強い視線を射こんで、そして思った。「この父親は、人間なのだろうか。河童かも知れない。そうではないという証拠がどこにあるのだろうか」。

この思いは、それからあとに続く二日間の食事の度に湧き起った。そして、そのまま消えた。それから二十年ばかりたって、父親を前にして小学三年生の抱いた問題は、「自同律への不信」であると知った。

「わたしはわたしでないものではない」。「わたしはわたしであるほかはない」。これは、何の証明をも必要としない真理、つまり公理である。それが、すべての自然科学の基盤を支えている。しかし、それは、どこまでも人間を支配する絶対の真理であるのか、どうか。幼いわたしの抱いたじつに大きな、しかも決定的な疑問を、しかし、青年期のわたしは十二分に追いつめることをしなかった。美の深層に見入ることができなかったせいであろうか。

わずかに、ランボーの『イリュミナシヨン』の一篇『少年時』の次の一行に出あって、遠い河童体験がふっと蘇がえった。

降りてゆく大伽藍、昇ってゆく湖がある。

わたしは、衝たれた。そして、その前を読み直した。すると、二行前に次の一行のあるのを知った。

時刻を打たない時計がある。

この一行は陳腐だと思った。文学好きの青年なら、みんな同感しているところではないか。しかし、それに続く大伽藍と湖との認識は、まるで未曽有の鋭く痛い認識ではないか。ランボーの手紙をふくめての全作品を、わたしは読み直した。そして、あらためて次の立言に衝たれた。

わたしとは他者です

銅が目覚めてラッパであったとしても、それはラッパの責任ではないのであります

わたしの底のほうから、あらためて深くわたしは揺さぶられた。突然、再びまた小学三年生

の河童＝父親の認識、自同律否定の現場に戻った。そして直ちに「わたしはわたしでないかもしれない」、「わたしはわたしである必要はない」、「よって、この宇宙はこの宇宙でないかもしれない」、「この宇宙はこの宇宙である必要はない」、いわばそういう「自同律」ではなくて、「他同律」の肯定命題の群れが次ぎ次ぎと噴き出してきた。茫然とした……。

　この体験のあと、『正法眼蔵』の世界が俄かに近いものとなる思いがした。

「青山常運歩」。

　木の繋ったどっしりと聳えた山は、おのれの他者だから、その場に居直る存在ではなくて、いつも歩いている存在である。そう思うと嬉しくなってくる。すなわち、山を見つめているわたしは、見つめる存在ではなくて、つまりは山とともに歩いてゆく存在にほかならない。

「石女夜生㆑児」。

　妊娠するはずもない石像の女性は、おのれの他者だから、いつだって子を妊んでいて、人々に知られない夜、子供をうむ。なぜ、夜？　石女が石女でない他者であるのには、白々しい昼でなく、闇があたたかく抱いてくれる夜のほうがふさわしいのだから。

　生命に充ちている青山と石女に対しての、じつに人間を超えた愛情のこもっている享受のありかた。これこそ、詩ではなかろうか。

しかし、その詩のさらに向うに突き進んでゆくことを、「正法眼蔵」は強く求める。それが、「身心脱落」という命題である。

この教典の初めのところに、次の一文がある。

「仏道をならふといふは、自己をならふ也。自己をならふといふは、自己をわするるなり。自己をわするるといふは、万法に証せらるるなり。万法に証せらるるといふは、自己の身心および他己の身心をして脱落せしむるなり。」

自分の身と心を、自分の身と心から棄て去ってしまう。つまり虚脱する。まったくの無意識となる。無意識からも無意識となる、……

ここまでは、判る。座禅をした経験は、わたしにもある。無身となるとは、無心となることである。そして、無心となるとは、無身となることである。有って無く、無くて有る状態である、心が、そして身体が…。

こうなると、虚脱したおのれを支配している法則というものが、じかに感じられることになる、おのれの内部とも外部ともつかぬ領域で…。

このとき、身心脱落したおのれは、そのまま万法の支配する宇宙に等しくなる。一滴の霧と、そこに写っている世界は合体する。

そして、その時、支配する万法の力は、一瞬であって、直ちに永遠である。

そこで、次のことが起る。

「うを水をゆくに、ゆけども水のきはなく、鳥そらをとぶに、とぶといへどもそらのきはなし。しかあれども、うをとり、いまだむかしよりみづそらをはなれず。（中略）。鳥もしそらをいづればたちまちに死す、魚もし水をいづればたちまち死す。以水為命しりぬべし、以空為命しりぬべし（中略）。

しかあるを、水をきはめ、そらをきはめてのち、水そらをゆかむと擬する鳥魚あらむは、水にもそらにもみちをうべからず、ところをうべからず（中略）。このみち、このところ、大にあらず、自にあらず他にあらず、さきよりあるにあらず、いま現ずるにあらざるがゆへにかくのごとくあるなり」。

特殊こそ、普遍。普遍こそ特殊。体験のそとに万法なく、万法のそとに体験なし。そういうきびしい意見である。

それなら、どうであればいいのか。

さきほどあげたランボーの一行から改めて考えることにする。

降りてゆく大伽藍、昇ってゆく湖があるのだ。

これは、いうまでもなく他同律の真実。しかし、真実は、もう一つある。

降りてゆかない大伽藍、昇ってゆかない湖があるのだ。

これは、むろん自同律の真実。

自同律と他同律の二つながらをもってこそ、いかにも真実の存在である。

しかし、そもそも存在とは、何が、どのようにして、生むのであろうか。

宇宙物理学者ホーキングのものといわれる規定がある。

「無のゆらぎが有をうむ」。

方程式をたてうる存在は、方程式をたてえない存在がうむ。前理性の世界が、後理性の世界をうむ。この言葉はそういっているように、わたしには思える。

したがって、当然、ゆらぐ無と、無のあとに生じた世界とは、違う。ここで、さきほどの「正法眼蔵」の引用のところに戻る。「水をきはめ、そらをきはめてのち、水そらをゆかむと擬する鳥魚あらむは、水にもそらにもみちをうべからず、ところをうべからず」。つまり、すでにある水（そして空）と、究められるかもしれない水（そして空）とは、まるで他者というのである。ランボーは、そこのところを語ったのではなかろうか。「わたしとは他者である」。わたしはわたしにそっくり。しかし、まるで、異物なのである。それなのに、わたしはこのわたしでなくなることがある。つまり、立っている大伽藍は降りてゆく大伽藍であることがあり、湛えられて水平になっている湖は、昇ってゆく湖であることがある。異物と同一物の、絶えざる統一と分離の運動こそが存在の原理、これをこそ、道元は万法と名付けるのではなかろうか。しかし、その絶対であるはずの真実＝万法、それはもはや巨きな何ものかの力によって破れようとしているのではなかろうか。それを、いち早く感受した少年、中学下級生の宮沢賢治は書いている。

泣きながら北に馳せゆく塔などの
　あるべきそらのけはいならずや

お断りするまでもなく、塔とは、いわば釈迦の遺骨そのものである。それが、泣いて、この世の極北へ駈けてゆく。さきほど引用したところを、また引用する。

「水をきはめ、そらをきはめてのち、水そらをゆかむと擬する鳥魚あらむは、水にもそらにもみちをうべからず、ところをうべからず。」

宮沢賢治少年は聡明でありすぎた。直観により「水をきはめ、そらをきはめてのち、水そらをゆかむ」とした。だから「みちをう」ることができなかった。

では、どうすればよかったのか。

「無のゆらぎが有をうむ」。

その「無のゆらぎ」の現場に新たに身をおき直さねばならなかった。そして、その「無のゆらぎ」は、宇宙創生のビッグバーンのときに起っただけではなかった。昨日にも明日にも、この生きることを続けている、つまり、ひそかにビッグバーンを連続している宇宙の、したがって生きものの生の、いたるところ、どんな瞬間にも起っている。そのことを、宮沢賢治は知って感じとっていた。そして、その享受が形をとって、「銀河鉄道の夜」を中心とする多くの、もう一つの仏教詩、童話となった。

それを知ったならば、「ううむ」と、道元、大きく首肯《うなず》くのではなかろうか。

そう・さこん　詩人、仏文学者。詩集に「炎える母」（歴程賞）、「縄文・正続」「透明の蕊の蕊」等、評論集に「宮沢賢治の謎」「あなたにあいたくて生まれてきた詩」、翻訳にアラン「幸福論」ほか。東京大学哲学科卒。一九一九年、福岡県生。

〔注〕

「石女」という言葉にはもともと「人間一般の思想・概念ではかりしることができない事がらを表すのに用いるたとえ」などの意味があり（佛教語大辞典。中村元著。東京書籍）、禅的には、「非思量の境涯」を象徴して、ただひたすら坐禅する境地をいう。

曹洞宗では、宗典祖録等における人権・差別問題に抵触するおそれがあるような表記の点検を実施する中で、この「石女」についても「常識を超えた非思量の境涯を説明するためのたとえとして、子供を産めないとされた女性を用いる必要は認められない」などとする検討結果（曹洞宗人権擁護推進本部紀要第二号）、中間報告を公表しており、大陽山楷和尚公案中の「石女」を「不妊症の女性」「生まず女」などと解釈して来た仏教者の歴史的な誤りについて、指摘し、差別を繰り返さないよう注意を喚起している。（編集部）

中世に近づく心

岡松和夫

私が道元と本気で向い合うようになったのは、大学を卒業して横浜の私立高校の講師となった頃である。それも『正法眼蔵』に初めからぶつかったのではない。唐木順三の『中世の文学』（筑摩書房、昭和三十年十月初版）のなかに「道元―中世芸術の根柢」という章があったからである。この本には別に「一休―風狂・風流といふこと」という章もあって、中世の禅というものが文学や芸術に大きな影響を与えていることを教えられた。

その頃、私は人間の自由ということを一番考えていた。周りの人に対しても、自由の問題を話題とした。そのせいか、知人のなかには私が「自由、自由」と叫びながら坂を駆け下りてくる夢をみたと言ってくれた人がいた。自由の角度からみれば、道元より一休の方が身近である。一休には戒律と衝突しても人間の本当の姿を知りたいという探求心がある。

しかし、一休を知るためにも根本の禅を知らなくてはならないということがあった。それも、中国直輸入ではなく、日本の禅修行者が十分に噛みくだいた禅でなくてはならない。噛みくだくということの中心は、日本語で書かれているということだ。道元はその条件を完全に満たした僧だった。

こういうことで私は唐木順三の「道元―中世芸術の根柢」という文章を繰り返して読むことになった。唐木順三のこの論は『中世の文学』のなかで五〇ページほどを占める力作である。それに『正法眼蔵』からの引用が多く、なかなか難解だった。引用部分を読むだけでは分らない。唐木は引用の後には自分のそれに対する理解をきちんと書いてくれる人だが、それでも納得できるわけではない。私は『正法眼蔵』の注解書を利用して読んでいった。そして、読書のなかでも特別の読書の場合にのみ起る感動にめぐり合ったと言える。

その感動の源泉は勿論道元の文章にあった。そういう道元を作り出したのは中国の禅僧如浄である。道元が「先師古仏」と呼んで敬した人である。この二人の関係を思いながら、『正法眼蔵』の「梅花」の巻から引用してみよう。

先師古仏、歳旦の上堂にいはく、「元正啓祚、万物咸《カン》《みな》新、伏惟《フイ》《ふしておもふ》大衆、梅開早春」

しづかにおもひみれば、過現当来の老古錐、たとひ尽十方に脱体なりとも、いまだ「梅開早春」の道《だう》あらずは、たれかなんぢを道尽箇《だうじんこ》といはん。ひとり先師古仏のみ古仏中の古仏なり。

その宗旨は、梅開に帯せられて万春はやし。万春は梅裏一両の功徳なり。（以下略）

如浄和尚は元日の上堂で話された。「新年おめでとう。万物ことごとく新鮮です。修行僧の皆さん。梅は早春を開くのです」

道元は如浄和尚のこの説法を静かに思い出す。過去現在未来のすぐれた和尚で、すべてのことを悟っているといわれても、その和尚が「梅開早春」の言葉を把握していないなら、その人を悟りつくした和尚とは言わない。ただ如浄和尚ひとりは古仏中の古仏にふさわしい言葉を発された。「梅開早春」の眼目は、一つの梅開によって、万春が訪れるということです。万春は一輪か二輪の梅の開花の功徳《くどく》なのです……。

口語訳を付けると、こんな具合になろうか。

二十代後半の私は、個と全体、全体と個の関係について初めて感ずるところがあった。如浄和尚の言葉「梅開早春」を日本語として読むなら「梅は早春を開く」でなくてはならない。これは私にとって新しい日本語だった。それまでの私なら「梅は早春に開く」としか読めなかった。

私が道元を通して新しい日本語を得たということは、新しい感性を得たということだ。私の視野も当然拡がった。社会とほぼ対等の比重で自然というものが見え始めた。大学時代には自我という言葉に一番関心を持っていた者が、新しい感性に大きく動揺させられたのである。自我について云々するより、耳をすまして聞くことの重要性について考えるべきではないかというように。

＊　＊

道元は如浄和尚のもとにあった時の思い出をよく語るが、それは精錬されたような美しさを持つ。思い出が純化されているのだろう。『正法眼蔵』の「諸法実相」には道元二十七歳の年（南宋宝慶二年）三月の如浄の説法の様子が述べられている。それを日本の弟子たちのために語る道元はもう四十四歳になっていた。

夜明けというにはまだ早い午前二時に鼓が鳴って中国の修行僧たちが如浄和尚のもとに集まる。この日の説法は特別力のこもったものだった。修行僧のなかには涙を流しながら師の説法を聞いている者が多かった。それから入室《にっしつ》が始まる。一人ひとりの修行僧への和尚の指導である。道元への入室語は「杜鵑《とけん》啼き、山竹裂く」だった。それ以上の言葉はなかった。

道元は二十七歳の年のこのことを鮮かに記憶している。「この夜は、微月わづかに楼閣よりもりきたり、杜鵑しきりになくといへども、静閑の夜なりき」と書いている。如浄和尚の入室語を現代ふうに述べるなら「ホトトギスが鳴いているね。山の竹が裂けて音をたてたね」ということになるのか。

如浄和尚は前年印可《いんか》を与えた日本僧道元に期待するところが大きかった。道元は道元で今夜のことをしっかりと覚えておこうと思っていた。

道元が聞いたのは如浄和尚の言葉だけではない。ホトトギスの夜空を切り裂くような鳴き声を聞き、山の竹の裂ける音を聞いたのである。如浄和尚のこの時の言葉を、道元は「美言奇句の実相なる、身心骨髄に銘じきたれり。」と書いているが、ホトトギスの鳴き声も山竹の裂ける音も等しく「実相」として聞いたはずである。

「聞く」ことの意味が、自我にこだわり続けた学生時代と違った重要さを帯びて考えられるようになってゆく。そう自覚されてくるのだった。

学生時代よく考えていた自我というものは、これからどう変貌してゆくのか。少くとも自我を中心としていた思考法は狭い隙間からものを見るようなことではないのか。

そんな時、私は『正法眼蔵』の「現成公案《げんじょうこうあん》」の巻のなかの有名な一節を思い出さないわけにはいかなかった。

仏道をならふといふは、自己をならふ也。自己をならふといふは、自己をわするるなり。

自己をわするるといふは、万法に證せらるるなり。

道元のことばは更に続くが、この辺りで一区切りしても許されると思う。私の口語訳はこうなる。「仏道を学ぶということは、自己を探究することだ。自己を探究することは、自己を無にすることだ。自己を無にするということは、あらゆる存在と一体になって自分が万物の一部として生かされていることを自覚することだ。」

今では強く頷くことができるが、二十代の終り頃、はるか遠い向うに私は無私というものを見始めていたらしい。

おかまつ・かずお　作家。「壁」で文學界新人賞、「墜ちる男」等で芥川賞候補になった後、「志賀島」で芥川賞。「異郷の歌」で新田次郎文学賞。ほかに「小蟹《ちいがね》のいる村」「鉢をかずく女」など。東京大学国文科卒。一九三一年、福岡県生。

道元と私

大島　清

私は宗教を持たぬ。七十年間、神も佛もなく生きて来た。もちろん冠婚葬祭の行事でかたちばかりの触れ合いはある。それだけだ。だから、いまさら「道元と私」などと言われても困る。でもつらつらと、三十年ほど前を回顧すると、突如道元が迫ってくるのである。その頃私は京大の霊長類研究所に入ったばかりで、その前は米国ワシントン州立大学の留学、それまでは産婦人科の医師だった。当然研究の対象は「ホルモンと性のリズム」ということになる。

ちょうどその頃、今では馴染みとなった「プロスタグランディン（ＰＧ）」の開発に、日米が鎬《しのぎ》を削っていた。ＰＧの誘導体ＰＧＥ$_2$の作製に社運を賭けた小野薬品（株）が、私のところに相談に来た。共同研究がはじまった。ＰＧＥ$_2$は分娩開始時、子宮頚管を軟化させる作用のあることも分かった。人間と同じ子宮を持つニホンザル、これが狙いだった。

福井縣の海辺に会社の安全研究所があり数頭のサルを飼育していた。そこにも三度ほど訪れて実験をした。訪れるたびに一日休んで永平寺を訪れた。それが道元との接点となった。

神も佛も不要。研究ひとすじと驀進していた私も、杉の古木がうっそうと茂る中に這い上って建てられた七堂伽藍には圧倒された。もちろん、道元をまつる承陽殿、納骨堂の舎利殿、参拝客の接待所にあたる傘松閣など、三十三万m²の山腹の境内に、七十余棟の建造物ありと聞いた。

傘松閣の一六〇畳敷の広場に、独りぽつねんと座し、花鳥の絵で埋まった格天井を半眼で見つめるのが好みだった。今年の二月、講演を頼まれて小松を訪れたとき、友人が真冬の永平寺に案内してくれた。道元との四度目の出合いである。傘松閣で二人で坐禅を組んだ。釈迦の誕生日だ、と和尚は説教をはじめた。冠雪の永平寺は殊のほか、美しくきびしかった。

永平寺―道元、道元―永平寺の概念しか持たなかった私は、その道元のマエを知らなかったが、五年前に鎌倉に移り住んで禅寺に囲まれた源氏山公園のほとりに居を構えてから、あとで知ったことだが、周りはすべて禅寺だったのである。建長寺、円覚寺、寿福寺、浄智寺、浄妙寺の五山はわが家からは指呼の間である。とりわけ寿福寺は、実朝・政子の墓があって、客人はいつもそこに連れていかれる。途中に化粧坂《けわい》があり、銭洗弁天がある。

禅寺が多いから、ひょっとして道元と関わりが深いかと思っていたらそうでもないらしい。一二一九年（承久元年）に、将軍実朝が八幡宮で別当の公暁《くぎょう》に暗殺され、その翌々年に勃発した承久の乱といった国内動乱を経た四年后の一二二三年（貞応二年）、二十四歳の道元は入宋《にっそう》の機会をつかんでいる。永平寺で道元を知った私は、古本屋で求めた道元禅の本を読んでそれを知る。

道元の生まれた久我《こが》家は、村上源氏の直系、父通親は実力ナンバーワンの内大臣、母方も藤原一門、何れの家系も名門中の名門。幼くして唐の詩人李嶠《りきょう》の「漢詩百詠」、更に「春秋左氏伝」「毛詩」を学んでいた。脳の可塑性の最高のときに学んだという轍が、のちに正法眼蔵をはじめとするかずかずの著作を生み出す原点になったのであろう。

幸あれば不運あり。三歳のとき父を、八歳のとき母を失って孤児となり、この世の無常を痛感した道元が仏門に生きる決意を固めたとて不思議はない。九歳のとき仏門の入門書である「倶舎論」を読破した、というから尋常ではない。「人間の額を占める脳のソフトウェアが、幼少の頃からのコトバみがきによって、九歳で一応の完了をみる」といったわが大脳生理学の完璧なサンプルを道元に見ることができる。そして十三歳の一二一二年（建暦二年）、伯父の前摂政関白、松殿師家の止めるのを振り切って仏門に身を投じた、と、ものの本に記されている。ソフトウェア機能の最先端の「思考」「計画」「判断」を地で行った、の感がある。

伯父師家の弟にあたる天台僧の良顕を比叡山の麓に尋ね出家の志を明かし、翻意せよとの説得にめげず、遂に良顕も折れて天台教学の基本を学ぶために比叡山横川《よかわ》の般若谷、千光房に移り住んだ、とある（「道元の生涯と思想」春秋社）。

しかし道元は比叡山に失望する。学問・修行を積む雰囲気が失せていたからだ。天台宗の教えそのものに疑問を持った。その一つに、あたかも真言宗のように、加持祈祷を重んずる密教化がある。天台宗の根本思想は「本来本法性《ほんぼっしょう》、天然自性身《じしょうしん》」、つまり、人間は誰でも仏の本性を持つ、という説法に疑問を抱いたという。人そのものに仏性がそなわっているなら、苦しい修行など不要ではないか、と。

こうして道元は十五歳の一二一四年に山を降り、独自の新しい道を発見するために園城寺の座主公胤を訪ねて、中国の禅宗が盛んなことを聞いて胸をときめかすのである。

脳のソフトウェアができ上がって（九歳）からの思考・計画・判断は曲折したが、それは脳のソフトウェアの土台となる道元の抜群の思考能力が原動力となっている。それをつくり上げたのは、脳の神経回路をものすごいパワーで発達させるコトバみがきに幼少の頃から専念したからである。

世に「学力」「学力」の声がかまびすしいが、学力とはその子供の「思考力」を高めることだと思う。動物は思考ができない。少くともジトッと考えるパワーは持ち合わせていない。人間はコトバがあるから思考できるのである。犬山の霊長類研究所の有名なアイちゃんも、条件反射的な行動はすることができても、ジトーッと考える力は持たない。コトバが無いからである。コトバを、脳が劇的に発達する幼少年期に学ぶことによって、既に述べたように、脳のオデコのすぐうしろのソフトウェアが九歳までに一応の完成をみる。九歳ごろまでにコトバみがきをすることが教育の原点だと言っても差し支えはない。

ノーベル賞受賞の先駆者である湯川秀樹も、祖父が漢学者で小さい頃から分からぬままに荘子を読まされた。そのお蔭か、京都大学での実験の計画は、荘子の哲学に負うところが多かった、と述懐しておられた。

道元また然り。佛教に関する思考はすでに固まっていて、比叡山天台宗ではもの足らなかった。公胤から聞いた中国の禅宗に興味を持ったのも当然である。思考し、計画し、判断したとき、脳は次なる新奇の創造力を高揚させる。

道元が鎌倉幕府と関わりのある貿易船に便乗して入宋《にっそう》したのは二十四歳の時だった。道元の宗教と思想形成のうえで重要な転機となったのは、椎茸を買いにきた六十一歳の老僧との会話だった。

「名刹の阿育王山ともなれば、あなた一人ぐらいおらなくても、食事ぐらいは誰かが作るでしょう。高齢なあなたなどは典座《てんぞ》（禅寺で炊事をあずかる責任者）をやめて、なぜ坐禅修行に専念しないのですか」と道元が尋ねる。老典座はかっかと大笑し、「あなたは本当の学問や修行とはどういうものか、まだお分かりでないようだ。いつか阿育王山に来て修行されるのがよいでしょう」と言いながら帰っていった、とある（前述）。

入宋の目的を果たし帰国したのが一二二七年、道元二十八歳のときだった。文字にとらわれた学問ばかりしないで、真実の自己を発見するために坐禅の修行にはげめ、そうすれば、自然に一切のとらわれを逃れて悟りの境地を開き、真実のすがたを見究めることができるはずだ。そのためにまず何をおいても坐禅に専念せよ、と説いた。これが比叡山衆徒の迫害を招き洛南深草に隠棲し、天台宗や真言宗などの兼修を否定する、念仏や題目に末法の世の救いを見出した法然や親鸞、日蓮に真向から反対したことになる。そればかりか、在家信徒の夫婦生活を黙認したことは、道元が女性解放の先達といわれる所以である。

道元が越前志比庄《しひの》（現永平寺町）へ旅立ったのは四十四歳のとき。比叡山などから追われていたこと、その反面歓迎されるような諸条件が越前側に揃っていたためらしい。

越前に下向して一年、道元は意欲的な説法をつづけ衆徒の参加も増えて、一二四四年、門人と共に志比庄の大仏寺に移る。これが後の永平寺だ。ここで道元はたくさんの本を書いているが、食の本、「赴粥飯法《ふしゅく》」を著わして秀逸だ。この荒れた二十一世紀で、日常の生活習慣で、まず一番に改むるべきは「食」だと私は思っているから、尚更感動する。誰と、何を、どのように食べるかが、私のモットーだが、その導因には今昔の感があるとはいえ、気になる。

道元は、食器をひろげて食物を受ける作法から、食べ方、食器の洗い方に至るまで一切の食事作法をことこまかに説いているらしい。「食は諸法の法なり」という考えは、修行そのものとみた。

そんなこんなが鎌倉にもひびいたのだろう。一二四七年、道元は執権北条時頼の招きを受けて鎌倉を訪れている。しかし、一般の鎌倉武士たちの信仰は旧態依然とした加持祈祷や密教的行事が多いのに道元は落胆、翌年鎌倉武士の教化を断念して永平寺に戻っている。

不治の病（何だろう）に冒されていた道元は、一二五三年に永平寺の席を懐奘にゆずり、療養のため京都に上り、その年の八月二十八日夜半、京の宿で僅か五十四年の生涯を閉じている。

遺言書として「八大人覚」がある。修行者がそれをしっかり守っていれば、仏道は永遠に滅びないと説いた遺戒である。曰く、一、「欲望を少なくする」、二、「少しのもので満足する」、三、「静寂を楽しむ」、四、「よく精進する」、五、「みだらなことを考えない」、六、「静かに瞑想する」、七、「智恵を学ぶ」、八、「たわむれの議論をしない」。

今の私はこのうちのせいぜい三項目しか実行していない。そして分からないことが一つ。道元は妻帯したのか、妻を娶《めと》ることはみだらなことなのだろうか、と。人間のソフトウェアの役目の一つに「恋愛」というのもある。

おおしま・きよし　大脳生理学者、京都大学名誉教授。サルの生殖生理、脳とホルモンなどについて幅広く研究。「サロン・ド・ゴリラ」主宰。「ふまじめな脳」「サルとヒトのセクソロジー」など著書多数。東京大学医学部卒。一九二七年、広島県生。

道元——そのあまりにも透明な輝き

井上洋治

道元と聞くと、すぐに私の頭をよぎっていく一つのイメージがある。厳冬の明け方、朝日の微光を受けてピンク色に輝いている霊峰富士の姿である。

今はもうやめてしまったが、五十代の頃、私はクリスマスが終ってから新年を迎えるまでの一週間ほどを、山梨県の忍野村にある修道院の一室で、瞑想の時としてすごすことにしていた。村の人たちとは勿論のこと、食事をはじめ色々と身のまわりの世話をしてくださる修道女の方とも必要以外の口はきかないことにして、私は只ひたすら瞑想のみに時をすごそうと努めていた。というのは、自ら求道一筋の道をえらびながら、実際にはそれと反対に、あまりにも我執と我欲とによごれてしまっている自分を、新年を迎えるにあたってせめて少しでもきれいにしておきたいものだと切に願っていたからである。一日の日課を、早朝五時半の、闇から次第に浮かびあがってくる富士の姿を仰ぐことによって始めることにきめていたのも、まさにそのためだったのである。

忍野の冬は厳しい。皮ジャンパーの上に更にコートをまとい、手に皮手袋、マフラーといった重装備でも、懐中電灯の明かりをたよりによく展望のきく畠の真ん中に出て、夜明けを待つ二十分位の間には、冷気は遠慮えしゃくなく忍びこんできて、指先が次第に感じなくなってくる。やがてうっすらと遙か彼方に富士の姿がうかびあがり、やがてそれは、ピンク色に輝いていく。このピンク色の富士の姿はわずか数分で消えてしまうが、その近づき難い神々しさは、ずっとしばらくは瞼の裏から消えることはない。

私は死の問題によって徹底的に苦しめられた十代の後半をおくった。沈黙のうちにひろがっているどこ迄も続く海岸線。そこに一陣の風が吹いて、砂浜の一粒の小さな、小さな白い砂が右から左に動く。そしてそのあと海岸線は、もとの深い静寂にもどる。私の人生なんて、たかだか、一粒の小さな砂が右から左にうつる、それだけのものではないのか。未来で唯一確実なものは死だ。死に打ち勝つことはできない。死という高い壁を乗りこえることはできない。そしてどんなに逃げても、死から逃げきれるものではない。そんな人生に何の意味があるのか。そんな心象風景にたえず悩まされ続けていたのである。

この生死の問題を何とか解決せねばと思い、私は大学の哲学科に籍を置いたのだが、哲学はこの問題について私に救いを与えてはくれなかった。残るたのみを宗教に置くしかなかった私は、何とかカトリックの洗礼を受け、大学卒業後、生死の解脱を求めてフランスの修道院にわたった。何もカトリックでなければならない必然性が当時の私にあったわけではないが、父が勉学がしたくて郷里を出奔して東京にでてきた次男坊であったため、家には仏壇というものはなく、姉がミッションスクールに入っていた関係上、私に一番身近な宗教といえばキリスト教だったということなのである。

私としては一応私なりには真剣な修行をヨーロッパの修道院で送りはじめたのであるが、しかし年月がたつにつれ、長く重い二千年のヨーロッパの歴史の重みには、やはり窒息させられるような息苦しさを感じさせられていった。それは今になって考えてみると、西欧文化の持つ「強い知性主義」と「個の重視による対立と競争」にあったのではないかと思っている。

西欧の人たちが自分たちの祈りと汗でとらえた西欧キリスト教という大木を、そのままの形で日本の精神風土に植えつけようとするのは無理だ。やはり日本人は、日本人の血の中に流れているものを大切にしながらイエスの福音をとらえなおす必要があるのだ。そう決意した私は、七年半ほどで西欧での修道院生活を打ちきって日本に帰国した。そして帰国してからは、まず自分の血の中に流れている日本文化の基調音を意識化してみようと努めたのである。そしてそんなある日、洗足池付近のある書店で、私は一冊の本を手にすることになった。亀井勝一郎の『日本人の精神史研究』の第三巻目『中世の生死と宗教観』である。この本で私は、それから生涯にわたっての私の求道の生活の鑑《かがみ》としての法然に出会うこととなったのであるが、同時に道元に私を出会わせたのも、またこの本であった。

「仏道をならふといふは、自己をならふ也。自己をならふといふは、自己をわするゝなり。自己をわするゝといふは、万法に証せらるゝなり」(「現成公按」)

道元は、仏教を学ぶとは言っていない。仏道をならうと言っている。西欧中世の主知主義的神学に窒息感に似た重苦しさを感じさせられていた私には、この道元の言葉は実に新鮮な響きを持っていた。そうだキリスト教を学ぶのではない、キリスト教をならうのだ。私は目がさめたような思いであった。

また
「自己をはこびて万法を修証するを迷《まよひ》とす。万法す、みて自己を修証するはさとりなり」（同右）という言葉も私の心の琴線をふるわせた言葉である。

「而今《しきん》の山水は、古仏の道現成なり。ともに法位に住して、究尽の功徳を成せり」（山水経）という言葉も私の大好きな言葉で決して忘れたことはないが、そして私のように未だに我執、我欲の海であっぷあっぷしている人間の言うことだからあてにはならないにはきまっているが、しかしどうだろう。道元は『正法眼蔵』にみられるような難解な表現で、日常言語にならない大切な同じことを指し示そうとしていたのではないだろうか。そしてその道元の言葉の真意は、ただ「只管打坐《しかんだざ》」ひたすら坐禅という行に徹することによってのみ初めて体得できるのだと言っているのではないだろうか。

『正法眼蔵』「生死」には次のような言葉がのせられている。

「この生死は、すなはち仏の御いのちなり。これをいとひすてんとすれば、すなはち仏の御いのちをうしなはんとする也。これにとどまりて生死に著すれば、これも仏の御いのちをうしなふ也」

私が生きているのではない。私が死ぬのでもない。私が生きるのも死ぬのも、みな仏のおいのちのわざである。そう道元は言うのである。だからこそ

「わが身をも心をもはなちわすれて、仏のいへになげいれて、仏のかたよりおこなはれて、これにしたがひもてゆくとき、ちからをもいれず、こころをもつひやさずして、生死をはなれ、仏となる」

のである。

この道元の言葉は、私に『新約聖書』の中のイエスの弟子パウロの「私が生きているのではない。キリストが私において生きておられるのである」という言葉を想起させる。「自我を脱落させ、あちらのがわからおこなわれる」という点において、およそ宗教の世界は、仏教もキリスト教も共通の場を持っているのではないだろうか。

よく「自力《じりき》」「他力《たりき》」ということがいわれるが、私はこの言葉はあまり好きではない。他力だけの宗教などというものがないのと同じように、自力だけの宗教などというものはありえない。力点の置きどころに多少の差はあったとしても、宗教の世界というものは、自力にささえられた他力であり、他力につつまれた自力なはずである。自力の代表の如くいわれる禅宗でも、

「自己をはこびて万法を修証するを迷とす。万法すゝみて自己を修証するはさとりなり」とか「仏のかたよりおこなはれて」とかいう道元の言葉が、このことをあざやかに証しているといえる。

しかし「只管打坐」は必らず厳しい戒律の遵守をともなわねばならない、と道元は言う。

「とふていはく、この座禅をもはらせむ人、かならず戒律を厳浄すべしや。しめしていはく。持戒梵行は、すなはち禅門の規矩なり。仏祖の家風なり。いまだ戒をうけず、又戒をやぶるもの、その分なきにあらず」(『辨道話』)

その分なきにあらず、という言葉には、狭い戒律主義、誤った自力主義に落ちこむことを避けようとした道元の意図がうかがわれるが、しかし戒律の厳守は仏祖の家風であると言いきっている以上、「只管打坐」の生活が厳しい戒律の遵守によってつちかわれなければならないことはあきらかであろう。

身を切るような厳しい戒律と只管打坐によって生死を解脱した道元の姿は、やはり私にとっては朝日に輝く富士の姿である。この富士の姿は感嘆し、仰ぎ見るものではあっても、我執の海にただよっている私には、到底のぼることのできるようなものではないように思えたのである。しかし、我執の海にただよっているのは、私だけではないのではないだろうか。この山に登れるのは、むしろ一部のエリートの人たちではないのだろうか。この疑問が今も何となく私の中にくすぶっているのは否定できない気がする。

私が大好きな良寛さんに次のような辞世と受けとれる歌がある。

形見とて何かのこさむ春は花山ほととぎす秋はもみぢ葉

形見を弟子に乞われた良寛さんが詠んだのだから当然ではあるが、しかし「何かのこさむ」という言葉には、よく言えば良寛さんのやさしい人間味が感じられるが、しかし我の匂いが多少感じられなくもない。そこにいくと道元の次の歌には、もはや一片の我の匂いも感じられない。そこには透明なまでに輝いている富士の姿があるだけである。

春は花夏ほととぎす秋は月冬雪さえてすずしかりけり

いのうえ・ようじ　カトリック司祭、「風の家」主宰。フランス・リヨン大学などで神学を学んだ。日本の文化、風土に根ざしたキリスト教を、と「風の家」を創設。著書に「法然―イエスの面影をしのばせる人」等。東京大学哲学科卒。一九二七年、神奈川県生。

道元の時間論

倉橋羊村

私的な話題から始めて申し訳ないが、講談社版の初版『道元』は、須田剋太さんから、最後の装幀の仕事となった表紙絵を描いていただけたことが有難かった。

須田さんは「街道をゆく」の挿絵でも永平寺を描かれたが、新作の表紙絵を引受けて下さることが決まり、三越の展覧会場でお目にかかった時、「懐奘が、道元の『有時』の巻を発見した折の喜びを、ぜひ書いて下さい」と、貴重なアドヴァイスを下さった。

よく知られているように、「有時」の巻はいま「正法眼蔵」の一巻に収まっているが、道元の生前は筐底に秘めたままで、一般にはその存在が知られていなかった。「生死」の巻なども同じようなケースだが、上堂の折、衆僧の前で提唱（講義）することが不向きと考えられたのか、難解さのゆえか、その理由は俄には定め難い。

しかし、執筆したのは仁治元年（一二四〇）冬の初めとされ、懐奘が書写したのは、三年後の寛元元年の夏安居《げあんご》の頃と推定されている。道元四十歳の時といえば、宇治山城の興聖寺時代のことで、この年にはほかに、「山水経」「谿声山色」「諸悪莫作」など多くの巻が書かれている。

のちに「時間論」として注目された「有時」の巻は、それまで因果律に取り込まれていた宗教としての時間の考え方からはみ出すところがあり、時間と存在についての本質論をかなり自由に取り上げている点、むしろ今日的な問題として展開できる要素を持っている。

過去・現在・未来についての固定観念にとらわれず、視点を自由に扱うところなど、因果応報などでがんじ絡めとなった仏教の既成概念から跳び出る新しさがあるといえよう。

道元のいう「前後際断」が、今日的な用語の「連続非連続」と言い換えられて、ハイデッガーの「存在と時間」の概念と対置されたことも興味深い。

本稿では、さらに近来の分子化学の所見を加えて、紙数の許すかぎり、私見を述べさせていただきたい。

「連続非連続」とは、つながりながら切れ、切れながらつながることをいう。道元の挙げた例でいえば、薪が燃えて灰になることについては、前後の順序があり、一旦燃えて灰になったものが、元の薪に戻ることはない。薪と灰の間は「前後際断」されている。順序づけて経過を追えば、燃え尽きる状態まではつながりながら、灰となって切れるのである。

このことを神経細胞の例でいうと、脳から末端の神経細胞へ命令を伝える場合、途中のいくつもの神経細胞の間は、一本の電線のような結び切りではない。次の神経細胞との間には五万分の一ミリの間隔（シナプス間隙）があり、その間はホルモン分子を分泌してつながる。しかし、その先端同士は結びきりでないため、必要の都度つながるだけである。つまり、つながりながら切れるわけで、連続非連続そのものである。

また、脈搏を伝える心臓の鼓動は、収縮と膨張の繰返しで生じる。収縮の果て、方向転換の一瞬の休止を経て、膨張に転じる。その逆も同じで、つながりながら切れている。即ち連続非連続で、前後際断である。

さらに胎児の脈搏は、母胎とすでに別に搏っている。臍の緒でつながりながら、新しい生命の始りを画して、連続非連続といえる。

もう一つ、例を挙げて見たい。

人間の胎児は、受胎後ほぼ一か月で顔が現れるが、最初に出るのが魚の顔で、鰓《えら》も備えている。むろん一過性の現象で、すぐ別の顔に変貌するが、まずは魚の顔が登場することは興味深い。太古、人間も軟骨魚類として生きた時代があったから、先祖返りをしたまでである。その後上陸して、脊椎動物となるまででも、一億年を超える年月を要するのである。

ところが、胎児の顔は、わずか一週間ほどで爬虫類の風貌に変り、哺乳類の面影が現れて、最後は人間の顔に行き着く。

これを見ても、胎児の表情に、本人さえ自覚していない人間以前のさまざまな経歴が現れ、さながら高速度撮影のフィルムを見る如く、つぎつぎに眼前に経過の辿られることは、神秘的というほかない。

しかも、海水と同じ成分の羊水の中で、中間省略もなく、人間になるまでの顔の変化が忠実になぞられる。誰も見るものがなく、観客不在のままながら、孤独きわまりないドラマが、展開されるのである。

その顔の変化は縫い目も見せず、順序正しく進行する。前の顔とは別ものだから、つながりながら切れてゆく。途中を飛ばさないだけに、まさにつながっており、且つ切れている。連続非連続そのものにほかならない。

その上、胎児の顔の変化についての情報公開は、遺伝子の命ずるところに従って、経過のごまかしはなく、勝手な改変もない。人間社会のこととなれば、見せたくない過去や、都合の悪い事実もあるはずだが、顔の変化の過程には、本来美も醜もなかろう。善悪も含めて、人為的な価値観は一切無用といえる。

その点が、人間社会の情報公開と異り、過去を勝手に改竄《かいざん》したり、糊塗したり、事実を歪めることがない。「偏界《へんかい》曽つて蔵《かく》さず」の禅語のとおり、大自然の運行にいささかの誤魔化しはなく、且つこれ以上の情報公開はない。ただその現象から、本質を見抜く具眼の士は、どこにでもいるとは限らない。

だから折角すみずみまで情報が公開されても、自然現象が隈なく全貌を露呈して仏教の深奥を開示しても、そこから仏法を汲みとり、それを体現して実践できる人は、おのずから限られてしまうわけである。

人間の身体自体を考えても、呼吸したり、胃や腸が自動的に消化活動を行ったりするのは、自然現象ということができよう。そのことを思えば、わざわざ外に出て自然の景色を眺めなくても、自分自身のうちに自然が息づいているといってもよい。

人間の個体は、約五〇兆個の細胞から成るという。一個の受精卵から出発し、増殖を重ねて、この天文学的数値の細胞を持つに至ったのである。その細胞は、個体が生き続ける限り、脳細胞を除いては常に細胞分裂をつづけ、新陳代謝により、生死を繰返している。

その結果、細胞の集合体としての人間が生きていることを思うと、細胞の無数の生き死にの只中に、われわれの生命があることを、実感しないではいられない。無常迅速はまさに、わが体内の光景ということができよう。

生死は他人ごとでなく、自分自身の体ごと刻々とおびただしい生と死が繰返されているわけで、思えば壮絶きわまりない眺めといわざるを得ない。生死に際しての細胞の個々の阿鼻叫喚が幸いきこえず、痛みも伴わないから、平生は気づかないだけなのだ。

個々の細胞の生死に基づき、人間としての個体のいのちが保たれていることにも、連続非連続の実体のありようが窺われる。

その個体も、たかだか百二十歳位が限度の寿命で、一代限りだが、遺伝子は代々受け継がれ、ヒトゲノムの続くかぎり、不滅といえよう。その意味では、人間の個体は一方で、遺伝子の運び屋としての使命を、甘んじて演じることにもなる。そのこと自体が、大いなる連続非連続を地でゆくことになろう。個体の死という非連続は、不滅の遺伝子を伝えることによって、連続の姿に振り替えられる。

これらはすべて、時間の進行と共に展開される事実で、人間存在ももとより、時間の外には出られない。

時間の中に存在する以上、すべて変化という経過を辿って、個々に消滅してゆく。無常とは字義の示すとおり、常のままでなく、時間と共に変りゆくことである。時間は立ちどまらない。一点に停止するものなど、世界のどこにもあり得ない。時間が目に見えるのは、変化という形で示されるからである。

過去・現在・未来といっても、その実体はつながりながら切れ、切れながらつながっている。それ自体が連続非連続の当体であり、道元のいう前後際断も、むろん同じことである。しかも永遠に向かって、進み続けることになろう。この軌道に着実に乗れれば、仏道修行も永遠の相を現ずることにならないだろうか。

行の人懐奘が、筐底に秘めた「有時」の巻に出会った時、心に深く蒙をひらき、欣喜雀躍する思いを味わったのではなかろうか。

道元を独自に研究していた須田剋太さんが、この時の懐奘の胸中を察して、私にアドヴァイスしてくれた意味が、よく領ける。

泉岳寺の参禅会で、二十余年に亘り、酒井得元老師から「正法眼蔵」の提唱を亡くなるまで拝聴したが、「有時」の巻についてはは伺うことができなかった。いま、懐奘著の「光明蔵三昧」についての酒井老師の提唱があるので、その一部を引用させていただきたい。

「大空の彼方に、無言に聳えたっている巨大な美しいスッキリした姿を見せている、静寂そのもののようなたたずまいの積乱雲。あれは猛烈な台風以上の恐ろしいものだという。しかし我々は、これに絶対静寂そのものの風物を眺めるのである。

このように大自然は、あらゆる動きを全く包んでしまって、常に美しく静寂であり、全く動揺はない。この大自然の姿を、〈畢竟して寂滅なり〉というのである。つまり尽十方界の真実の様相が〈畢竟して寂滅なり〉であったのである」

まことに夏の青空にかがやく積乱雲は、地上から距離を隔てて仰ぐ限りは美しいが、中へ入ったら「猛烈な台風以上の恐ろしし」さという指摘は、飛行機で雲の中へ入ると実感される。しかし、それも「畢竟して寂滅なり」といわれれば、「有時」の実相もまた「寂滅なり」といえるのではなかろうか。唯一度の人生からの眺めは、そのようにもいえよう。

くらはし・ようそん　俳人、「波」主宰、現代俳句協会副会長。水原秋櫻子に師事。句集「渾身」「愛語」「有時」のほか「水原秋櫻子」「人間虚子」「道元」「俳壇百人」などがある。一九三一年、神奈川県生。

なぜ道元は鎌倉にいったか

立松和平

道元は宝治元（一二四七）年八月三日永平寺を出発し、翌二年三月十三日に帰山したことが、「永平広録」に書かれている。それによれば、道元が鎌倉に滞在したのは、およそ六箇月であったと考えられる。

道元の鎌倉下向については、なかなか難しい問題がふくまれている。道元を鎌倉に呼んだのは北条時頼である。時頼は道元に菩薩戒を授けてもらい、寺院を建立するから開山祖師になってくれるようにと依頼したようだ。しかし、道元は拒否し、荘園寄進の申し出も受けず、越前の永平寺に帰っている。

鎌倉は当時の権力者である武士の都で、時頼は武士たちの頭領である。一方、道元の師如浄《にょじょう》禅師は、「国王、大臣に親近すべからず」として、権力に近づくことを強く戒めた。執権時頼の招きに応じて鎌倉にいったことは、師の教えにそむくことになるのではないか。道元の生涯は祇管打坐《しかんたざ》、ただひたすらに坐禅修行をしてきたのであり、生涯でたった一度ながら権力者に近づいているのが鎌倉下向なのだ。鎌倉下向をどのように解釈すればよいのかということが、道元を語る際の大きな悩みであった。

「正法眼蔵随聞記」には、仏法興隆のためには関東に下向すべきであるといった人に、道元は次のようにいったと書かれている。拙訳である。

「そうではない。もし仏法に志があるなら、山でも川でも大海でも渡り来たって学ぶべきである。その志のない人に、出かけていって仏法をすすめたところで、聞きいれてもらえるであろうか。そんな思いをして鎌倉にいくのは、物質的な富を得ようとするため、人を惑わすため、財宝を貪るためである。そんなことは身体が苦しいだけだから、いかなくてもよいと思われる。」

このように語っているのだが、現実には鎌倉にいき、執権北条時頼と会っている。この道元の行動を、どのように考察したらよいのであろうか。ここに深いドラマがあるように、私には思えるのだ。

先日、私は道元禅師七百五十年大遠忌記念として、歌舞伎座で上演された「道元の月」の台本を執筆した。その芝居は道元の鎌倉下向の問題を扱っている。静かで深い瞑想に明け暮れた道元の生涯を眺めると、権力のそばに少なくとも身体が接近した鎌倉下向の日々が、芝居的な緊張をはらんでいると、台本作者は考えたのである。

道元にとっては、ようやく完成した越前の修行道場永平寺を離れて鎌倉にいく必要はまったくないのだが、時頼の側には道元にきてもらいたい事情が大いにあった。時頼が執権職についたのは寛元四（一二四六）年であり、その翌年の六月五日、頼朝挙兵以来の有力御家人三浦一族との間に宝治合戦がおこり、北条一族の手勢により三浦一族は皆殺しにされた。道元が鎌倉下向をしたのが、その年の八月中旬なのである。宝治合戦、執権北条時頼、道元と結んでいくと、因果の糸が見えてくるのである。

台本作者としては、ここで想像力を働かせる。歴史の記録に残っていない空白を埋めるには、想像力しかない。道元の最大の檀越《だんおつ》の波多野義重は、北条家家臣である。義重は時頼の命により、道元を鎌倉に迎えるべく働きかけにくる。京都での叡山の迫害から、波多野家所領の越前志比庄にかくまわれ、そこに永平寺を建てた道元としては、義重の頼みを断ることはできない。

そこに苦悩が生じ、芝居的空間が出現する。

「吾妻鏡」によれば、その当時は不吉な天変地異が相い継ぎ、鎌倉は大火にみまわれ、災害の最大のものが人災である宝治合戦であった。その悪しき因果の流れを断ち切るために、時頼は道元にすがったのである。

身体から血のにおいのする風が吹いてきたとして、道元は義重主従が戦場からやってきたことを見破る。そこで道元は時頼主従の苦悩を語りだすのである。ト書きをとばして、科白だけを記す。

義重　酷《むご》い戦さでござりましてな。北条家と三浦一族との戦いでした。三浦といえば、鎌倉将軍頼朝公挙兵以来、北条家とは縁つづきの親しい間柄でござります。それがこのところ三浦が力を得たせいか、両家の確執が生じ、とうとう戦さになり申した。この義重も痩せ馬に鞭打って北条の館に駆けつけましてござる。敵と味方に分れ、斬って斬られるはきのうの友なのでござる。目の前に敵がいれば矢を射ちかけ、刀で斬り殺すのが、つわものどものならい。倒れても倒れても押していく。まさにこの世に地獄が出現したのでござる。武門の誉れ高き三浦はよく戦いました。が、多勢に無勢、退路を切り開き切り開きして頼朝公の墓所の法華堂に籠りました。三浦はあっぱれ鎌倉武士、一族二百七十六人、郎党二百二十余人が頼朝公の御影《みえい》の前で、我が身に刃を押しあて、果てたのでございます。

三浦の弟光村《みつむら》は、お家滅亡の怨みを長く残すため、誰かわからぬよう自ら刀をとって顔の肉をそぎ落とし、飛び散った血は、頼朝公の御影まで飛んだということでござる。三浦の当主泰村は、一族滅亡の怨みと悲しみに耐えかねた様子で、不気味な笑いを浮かべながら申したそうでござる。これも祖先が多くのものを死罪とし滅ぼしてきた報いであろう。そうであるなら、北条一族も自分たちと同じ運命をたどって近いうちに必ず滅びるであろう。こう泰村は不吉な予言を残して冥土に旅立ったそうでござる。

懐奘　恐ろしいことでございます。

義重　泰村の最後ののろいが、我が殿北条時頼さまを不安の底に落とし申した。もともと殿はこの戦さをとめようとされた。それなのに、戦さは起こり、その結果怨みばかりが殿一身に集まった。その怨みによって、北条家は滅亡すると、泰村はのろいの予言をしたのでござる。地獄のような不安にさいなまれている殿を、道元さま、どうかお救いくだされ。

道元　いつでもこの修行道場においでくだされ。永平寺は、道心のあるものは拒みません。

義重　それができますれば、今にでもお連れしよう。だが、殿が鎌倉を離れれば、たちまちにして乱が起こりましょう。さすれば民が苦しみ、多くのものが死にましょう。悩める殿を救うということは、悩めるこの国を救うということでござる。この義重も救われまする。

懐奘　もし仏法に志《こころざし》あらば、山も川も海も渡りきたって学道をすべきでしょう。その志なきもののところにおもむき、仏法を説き、仏法をすすめたところで、聞きいれてもらえるものでござりましょうか。

義重　――略――殿は乾ききったものが心から水を求めるように、いまだ見ぬ道元さまをお慕いなさいましてな。日に日に思慕の念をつのらせ、苦しみから解き放ってくださるのは、今の世では道元さましかおられないと思い詰めておいでござる。天下国家を救うため、なにとぞ道元さまに鎌倉においで願いたいのじゃ。――略――

懐奘　波多野さまも御承知でしょう。お師匠さまは大宋国の師如浄《にょじょう》禅師の教えを、大切に守っておられます。都に住むな、国王大臣に近づくな、つねに深山幽谷に住んで一心に学道に励むようにと。

義重　殿は道元どのの説法を渇望しておられまするぞ。殿の思い詰めた目差しを想うと、この義重、なんとしても道元さまに鎌倉においでいただきたい。わしはな、命がけでお頼み申す。武士が命をかけるのですぞ。
懐奘　困りましたなあ。
義重　殿が道元さまに帰依なされれば、御一門の隆盛は疑いありませんぞ。わしが細々《ほそぼそ》とした檀越《だんおつ》をするのではなく、天下人がつくのですぞ。
懐奘　お師匠さまは、仏法興隆の助けを求めて、人に法を説く御方ではありませぬ。仏道修行は、名利《みょうり》を得るためではありません。ただひたすらに仏法のために仏法をおさめるのです。それしかありません。
それにしても困りましたなあ。

もちろん新作歌舞伎なのだから、現代人がわかるように書かれている。そもそも鎌倉時代に武士や僧がどのような口語を使ったのかよくわからない。その言葉を再現したところで、たいして意味はない。鎌倉下向を道元に要請する北条時頼とその家来の波多野義重、また要請を受けて困惑する道元とその弟子の懐奘との関係を、芝居として描写すればこのようなシーンになるのではないだろうか。富や暴力が支配する現世で、道元の立場は一見すると無力である。しかし、富と暴力とを一手に握っている権力者の側からすれば、道元は人間を無力にする悪しき因縁を断ち切る力があるかと思われる。

「吾妻鏡」のページを繰《く》ってみると、この時期は天変地異が相い継いでいる。

寛元三年

十二月十三日　地震。

十二月二十日　大地震。

寛元四年

四月十八日　にはかに鎌倉中ぶっそう。介冑《かいちゅう》の士ちまたに満つとうんぬん。暁更に及びて静謐す。

四月二十日　近国の御家人等馳せ参ずることを知らず。連日騒動して静謐せずとうんぬん。

十二月二十七日　大地震。

寛元五年、宝治元年

正月二十九日　羽蟻群れ飛び鎌倉中に充満すとうんぬん。

正月三十日　山に光物飛行す。よつて祈禱を致すとうんぬん。

三月十一日　由比の浜の潮、色を変じ、赤くして血のごとし。諸人群集してこれを見るとうんぬん。

三月十七日　黄蝶群れ飛び、幅は假令一許丈、列は三段ばかり。およそ鎌倉中に充満す。これ兵革《ひょうがく》の兆なり。

五月十八日　今夕光物あり。西方より東天に亘《わた》る。その光しばらく消えず。

五月二十九日　去ぬる十一日、陸奥国津軽の海辺に大魚流れ寄る。その形ひとへに死人のごとし。先日由比の海水赤色の事、もしはこの魚の死せる故か。随つて同じ比《ころ》、奥州の海浦の波濤も赤くして紅のごとしと云々。

六月五日　宝治合戦。

九月一日　大風。仏閣人家多くもつて転倒し破損すとうんぬん。

九月二日　大風なお休《や》まず、樹木皆吹き抜くとうんぬん。

十月八日　大地震。

大地震、大火、天体の異変、旱魃と人々を苦しめる天変地異がつづき、そのうちで最も苦悩したのが人と人との闘いである。先の波多野義重の科白も、ことに誇張していったのではなく、「吾妻鏡」に記載されていることをほぼ忠実に再現したのである。

人の世が不安定であったからこそ、天災も増幅され、苦しみとなって人々に襲いかかった。政治が安定し、危機管理ができていれば、災害も最小限におさまるものである。旱魃などで農村部が疲弊し、流民が鎌倉に押し寄せる。そのために鎌倉は治安が悪化する。悪い因果がめぐりにめぐり、人々を苦しめていたのである。

そのような時代に為政者のなすべきことは、悪しき因果を断ち切ることである。鎌倉幕府執権北条時頼は、鎌倉に精神的な支柱として大寺院を建立することを願った。それが建長寺で、開山の住持に道元が望まれたという仮説を立ててみた。時頼の発願により創建される建長寺に招かれることは、道元にとっては師如浄の「国王、大臣に親近すべからず」の教えにそむくことになる。鎌倉にいきはしたが、道元はこれから建立される大寺院の住持になることは断った。

住持には宋から渡来した蘭渓道隆《らんけいどうりゅう》が招かれたのである。
もちろん歴史には仮にこうなったとしたらという仮定は成立しないのであるが、フィクションの物語において、仮説は許されるであろう。道元は現実に鎌倉にいき、「名越白衣舎《なごえのびくえしゃ》」に滞在したと記録にある。名越にある俗人の家とは、波多野義重邸であったかもしれないし、北条時頼邸であったかもしれない。このわからないという隙間に、フィクションが忍び込むのである。
名越の白衣舎で、道元は名高い「傘松道詠」十首を残している。そのはじめに、「宝治元年相州鎌倉に在して最明寺道崇禅門（北条時頼）の請によりて」と題している。
「あら磯の波もよせめ高岩に
かきも付へきのりならはこそ
春は花夏ほとゝぎす秋は月
冬雪さえて冷《すず》しかりけり」
「傘松道詠」は時頼の妻室北の方の求めに応じて詠まれたとの説もあるくらいで、鎌倉で道元は多くの人に説法し、菩薩戒を授け、仏法興隆のために真剣に過ごしたことは間違いはない。

強制的に連れていかれたとばかりはいえないと、私は感じるのである。

ここでまたどのように解釈して芝居を構成するかという思想が、必要となってくるのである。

歌舞伎座の舞台に戻る。

寺内で若い雲水たちの騒動があり、それもおさまって、道元は波多野義重に北条時頼は何歳なのかと問う。二十一歳である。道元は静かに考えてから、そばにいる弟子の義介《ぎかい》に窓を開けるようにと命じる。障子を開けると、澄んだ渓流の音が響いてくる。外は目の醒めるような鮮やかな緑の山である。全員が外の景色に見とれる。

道元　渓声山色《けいせいさんしょく》。この世は美しい……。

懐奘　まことに。

道元　この美しい世を、なにゆえ人は苦しみに変えるのか。

青葉の光の中を、ホトトギスが鋭い声で鳴き渡る。

道元　ホトトギスじゃ。ホトトギスは血を吐く思いで鳴くという。わしにはふと、鎌倉の時頼どのの叫び声を聞いたように思えた。この穏やかな永平寺にくらべたら、鎌倉は地獄であろう。その地獄の業火に身を焼かれ、苦しさのあまり叫びを上げた時頼どのの悲痛な声を、今、聞いたように思った。懐奘、遠くから呼んでいる若者を一人救いにいこうかの。

生きながら地獄におちた一人の若者を救うために、菩薩の行いとして、道元は鎌倉にいこうというのだ。もちろんそれは権力者に近づくためではない。時に道元四十八歳である。人生五十年の世で晩年の自覚があり、一雲水に戻って最後の遊行《ゆぎょう》をしようというのである。

実際にその五年後、道元は五十四歳で遷化《せんげ》している

たてまつ・わへい　作家。大学在学中に早稲田文学新人賞。宇都宮市役所に勤務したのち、作家に。小説に「遠雷」(野間文芸新人賞)、「光の雨」、エッセイ集「仏弟子ものがたり」、歌舞伎「道元の月」など。早稲田大学政経学部卒。一九四七年、栃木県生。

自己のほかに仏法なし〜道元禅師の教えと言葉

対談

水野弥穂子×永井路子

※脱落

身も心も、執われから離れて自由自在の境地に本来ある。目覚めよ、目覚めよ！

桃の花にこめた願い

永井　昨年（平成十三年）まで長く鎌倉に暮らしておりましたが、無学でございまして、この春に道元禅師七五〇回大遠忌を記念して禅師の顕彰碑ができあがるまで、道元禅師と鎌倉のかかわりについては、道元様って、ほんとうに鎌倉にいらしたの、といったくらいの認識しか持ち合わせておりませんでした。道元様が鎌倉にお見えになったという、史料や文献がのこされているのかどうか、まずそのあたりのことをうかがわせていただければと思います。

水野　道元禅師の生涯にわたる説法を、門下の懐奘らが十巻に編纂した「永平道元和尚広録」という漢文の語録が伝えられております。その第十巻目に収められる「偈頌《げじゅ》」のなかに、鎌倉で警蟄（啓蟄）を迎えておつくりになった偈がございます。

永井　道元様が鎌倉にお入りになったのは宝治元年（一二四七）の秋ですから、その翌年の早春の作ということになります。どのような偈かお聞かせください。

水野　半年喫飯す白衣舎、
　老樹の梅花霜雪の中《うち》、
警蟄一雷霹靂《びゃくりゃく》を轟かす、

帝郷の春色桃花紅なり。

この偈は、実は如浄禅師が建康府の清涼寺の住持職を退いて、臨安府の浄慈寺《じんずじ》に移る時に示した偈が下敷きになっています。

半年飯《はん》を喫して鞔峰に坐す、

鎖断す烟雲千万里、

忽地《こっち》の一声　霹靂を轟かす、

帝郷の春色　杏花紅なり。

如浄禅師が半年間、清涼寺に住持職としていたことと鎌倉の白衣舎での半年が、道元禅師には重なって思い出されたと思われます。喫飯——飯を喫す、というのは、禅門では朝の粥に対して、昼は御飯をいただき、その時は袈裟を搭《か》けて、唱えごとをして、正式な食事作法が行われます。御飯をいただくことが大切な仏法なのです。道元禅師も、在家の家の仮寓ではあっても、食事の作法は正しく行って、仏法の生活をつづけておられたことがうかがえます。〝忽地の一声〟は、勅命によって、清涼寺を退いて浄慈寺に移ることを言っていますが、道元禅師は警蟄の日に土のなかから出てきた虫の、声にもならない声を、雷鳴が轟きわたるようだと言っているのです。道元禅師が鎌倉へ向けて永平寺を出発されたのは、旧暦の秋、八月五日のことでした。それから半年、霜が置き、雪の降る冬を経て、鎌倉は梅の老樹に花が咲きはじめていました。宝治二年（一二四八）の警蟄は二月五日でした。旧暦ですから、気候としては三月の初め、これから春分を迎えようとするところです。

永井　道元様は北国越前の永平寺から鎌倉入りをなさったわけですから、一層、暖かだと思われたかもしれません。それでなくても、鎌倉は湘南にあって温暖な土地柄ですから。

水野　時代は異なりますが、わたくしも鎌倉を訪れると、東京に比べやはり暖かいなあと感じます。

永井　「帝郷の春色　桃花紅なり」ともあります。風は冷たいながらも、春爛漫といった印象です。

水野　鎌倉中に春の訪れが響きわたっているかのようです。「帝郷」ですから都のことになりますが、この偈の場合は、法の中の都、すなわち、仏の世界と考えた方が適切だと思います。

永井　とすると、「帝郷の春色　桃花紅なり」は鎌倉の警蟄の情景というのではなく、法の世界のことと受け取らなくてはなりません。

水野　鎌倉に招かれた道元禅師は、執権の北条時頼をはじめ、たくさんの人びとに菩薩戒を授けました。桃花は一本に「小桃」とあります。思うに、禅師は小さく開いた桃の花に、菩薩戒を受けた人びとのなかには、いずれ真実の道をさとる人も出るに違いないという期待をこめたと思われます。

永井　なるほど。道元様が訪れた当時の鎌倉は、宝治の乱から間もなくという、歴史のうえからも大変な時代でしたから、鎌倉に仏の世界を現出したいという願いが、いっそ強かったとも考えられます。

水野　鎌倉開府以来の大戦乱、宝治の乱は、道元禅師が鎌倉に到着するふた月ほど前の六月のことでした。まだまだ鎌倉には血なまぐさい雰囲気がただよっていたと思います。そのような事情を道元禅師がまったく知らずに鎌倉にやってきたとは考えられませんし、逆に、そういった血を血で洗うような戦いが禅師を鎌倉に導く理由のひとつになったのではないかと推測することもできます。

虚空にかかる孤独な月

永井　歴史小説を書いてきた者として、宝治の乱について触れさせていただきたいと思います。ご存知のように、宝治の乱は、北条氏と三浦氏の生死をかけた、最後の戦いとなりました。源頼朝が鎌倉幕府を開くにあたって、そのバックボーンとなったのは、三浦半島を手中にしていた三浦氏であり、政子が頼朝に嫁いでいたとはいえ、北条氏なども当時まだ伊豆の小豪族にすぎませんでした。その北条氏が徐々に勢力を伸ばして、代々、執権職をつとめるようになり、三浦氏は面白くなかった。ふたつの勢力の間で、小競り合いがつづきました。野球にたとえますと、一回の表は北条の勝ち、その裏は三浦が、二回の表、今度は三浦が勝利をおさめ、その裏は北条が――といった具合でして、その最終回になったのが宝治の乱でした。鎌倉武士といえば、潔く戦い、桜のごとくパッと散るというイメージで語られがちですが、どうしてどうして実に粘り強い。駆け引きも大変なものでした。現代の政治など、子どもだましに思えるくらいです（笑）。

水野　三浦一族の最期は凄まじいものだったと伝えられています。道元禅師が鎌倉行化を決心した理由については、三浦氏との戦いに心を痛めた二十歳をすぎたばかりの執権時頼の魂を救おうとしたからだ、などいろいろな説が唱えられておりますが、血に染まった鎌倉に仏の加護を、といったお気持ちもあったのかもしれません。ですから、さきほどご紹介したような偈もおつくりになったのだと思います。

永井　道元様が鎌倉においでになるにあたっては、永平寺の僧侶の間に「なぜ鎌倉のような俗にまみれた所へおいでになるのか。われらをお捨てになるおつもりか」といった批判や不満があったとうかがっております。

水野　道元禅師は宝治二年（一二四八）三月十四日、永平寺にお帰りになりました。そして、その翌日には早速、上堂され、そのような声に対してお答えになっております。

永井　史料の読みかじりで、漠然と、とてもいいお答えだなあといった印象は持っておりますが、詳しくはどのような返答だったのでしょう。

水野　「われわれ僧侶でさえ耳にしたことのない仏法を鎌倉の俗人たちに説かれたのではないか」という疑心も持たれていることを知っていた道元禅師は、仏の法にふたつはないとそれを否定したうえで、「鎌倉の人びとのために説いてきたのは、善行をなすものは一切の苦や迷いを離れて悟りを開き、悪行をなすものは苦しみの世界に落ちるという仏法の因果の道理であり、迷いを捨てて悟りを得ることが最も重要であるということばかりだ。それは、わたくしが確実に明らかにし、正しく説き、疑いもなく信じ、これまで行じてきたことである」と、仏法とは何かを明確に示しながら、鎌倉行化《きょうげ》について僧侶らに語りかけています。『正法眼蔵』で、「おほよそ因果の道理、歴然《れきねん》としてわたくしなし。造悪のものは堕し、修善《しゅぜん》のものはのぼる、毫釐《ごうり》もたがはざるなり」（「深信因果」巻）と説かれるのと軌を一にしております。

永井　仰るとおり、道元様のご発言は、仏法とは何かを誠に明快に示されていると思います。

いずれにしましても、鎌倉に新しい大きなお寺を建てて有名になりたいとか、執権の北条時頼と仲良しになって権力を得たいといったような思惑とは無縁に、仏法を説くためにのみ鎌倉においでになったと考えてよろしいのでしょうね。

水野　永平寺にお戻りになった翌日の上堂で、道元禅師は「永平寺を離れ、半年あまり鎌倉という一般世間のなかに身を置いたときのわたくしの心境は、まるで、虚空にかかる孤独な月のようであった」とも発言しておいでです。

言葉で開かれた道元の世界

永井　鎌倉では、さぞ難儀なこともおありだったこととお察しいたします。ところで、その半年の間、道元様にどのような出来事があったのか調べてみようと、「吾妻鏡」にあたりました。ところが、道元様の動向がうかがえるような記述はございませんでした。わたくしはこれまで、「吾妻鏡」を〝虎の巻〟にしながら小説を書いてまいりましたが、史料というものはあまりアテにできないなあと、あらためて実感した次第です。その点、水野先生がご専門の『正法眼蔵』は、理解云々は別にしましても、道元様のお考えが、明確に、しっかりと記されています。そもそも、どのような動機から『正法眼蔵』のご研究を志されたのですか。

水野　ご存知のように、わたくしの専門は国語学です。しかし、正直に申し上げると、歴史が好きで、その道に進むつもりだったのですが、たとえば、平安時代と江戸時代、江戸時代と明治時代の日本語を比較すると、同じ日本語なのに意味がまったく違ったものになっている場合があることを知り、それならまず日本語が正しく理解されていなければ歴史のほんとうのところも分からないだろう、よし、歴史より言葉、日本語だと思い、国語学ひとすじに来てしまった次第です。『正法眼蔵』に取り組むに当たっては、国語学を学んできた者の意地のようなものがございました。

永井　「意地」と申しますと？

水野　『正法眼蔵』は、日本人が、日本人のために、日本語で書いた文章です。文章であるからには、表現したいこと、意図するところがあるからこそ書かれたのです。そのうえ、まぎれもない名著なのに、ほんの一握りの人を除いて、意味を理解することはもちろん、読むことすら難しい、とされます。それで、国語学を学んできた者としては、「『正法眼蔵』は分かりません」じゃすまされないぞ、といった気持ちになったのです。

永井　わたくしは小説家ですから、史料の空白の部分は想像力を働かせて埋め合わせても支障はありません。しかし、水野さんは学者、そのうえ、道元禅師という宗教史における巨人のような存在ののこした文献を研究するわけですから、読み方や意味が不明だからといって、自分に都合よく処理するわけには行きません。『正法眼蔵』の文字面を眺めただけで、水野さんのこれまでのご苦労が理解できるように思います。

水野　これまで、あちらこちらと走り回って、たくさんの方にご指導をいただきました。しかし、なんだか納得できなくて、なぜだろう、なぜだろう、と考えて、言葉を大切にしなければならないことに、やっと思い至りました。そして、道元禅師のお言葉をひとつひとつ大事にしていくうちに、キーワードのような言葉があって、それに出合い、その意味を得心することによって、道元禅師の言わんとするところ、その世界といったものが、パッと開けるというか、道元禅師は決して難解なことを仰っているわけではないことに気がつきました。

永井　それにしましても、やはりわたくしたちにはとても難しい（笑）。言葉ひとつにしても、一般の人たちは容易に理解することはできません。たとえば、『正法眼蔵』の冒頭の「現成公案」に登場する「脱落」という言葉。これには「だつらく」ではなく「とつらく」とルビがあります。念のために、漢学者、諸橋轍次さんの著した大漢和辞典を引いてみました。しかし、そういう読みを見つけることはできませんでした。意味は「解脱すること」ですから、「解脱」と書けばいいのにと思ったりもしたのです。もっともその後、どうやらそうではないらしいことに気づきました。つまり、中国語の音がそのまま伝えられてきたんだなということが分かったからです。

水野　そもそも経文は、当初は記憶から記憶へ伝えられてきたものです。師匠が唱え、それを耳にした弟子が真似て唱え、さらに聞いては唱える——書き言葉ではなく、口で唱える言葉として伝承されてきたのでした。日本にはまず漢訳仏典が入ってきましたので、日本人は記憶に刻まれた音と仏典の漢字を、ああ、この音はこの漢字のことだなといった具合に符合させていったわけです。「脱落」を「とつらく」と読む背景には、そのような仏教の伝来、発展にまつわる歴史的な事情があるのです。

永井　お釈迦様はインドのご出身です。ということは、インドから中国に仏教がもたらされたときにも、中国から日本に伝えられたときと同様のケースが生じたと考えられます。やはり中国人も言葉の音をそのまま受け入れることで仏教を広めていったのでしょう。

水野　それでなくても中国は広い国ですから、この経典のこの部分の思想はこうだとか、この言葉にはこのような意味があるんだといった手順をいちいち踏んでいたら、仏教は多くの人たちの支持を得ることはなかったはずです。経文は音として浸透し、お釈迦様の生涯や教えの素晴らしさが口コミで人から人に伝えられことによって、一気に広がりを見せたのだと思います。

生死の中に仏あれば生死なし

永井　いまのお話をうかがって、「『脱落＝とつらく』の恐怖」（笑）はやや薄れましたし、視点を変えて、ひとつひとつの言葉の難解さをあまり気にすることなく『正法眼蔵』に接していけば、さきほど水野さんが仰ったように、われわれにも道元様の教えの世界が、パッと開かれるようなときがやって来るかもしれません。ここで基本的なことを、ひとつおうかがいしたいのですが、『正法眼蔵』は思想、哲学書ととらえればよいのでしょうか。それとも宗教書とすべきなのでしょうか。

水野　あくまでも宗教書、信仰のための書です。実際にどうすれば救われるのか、そのためにはいかに生きるべきかを説いた書といえると思います。

永井　その眼目、ポイントはどこにあるとお考えですか。

水野　「自己の他に仏法は存在しない」という点かと思います。『正法眼蔵』を読んでいると、これはまさにわたくしという人間に説いて下さっているのだという思いにとらわれてしまいます。なぜなら、すべての人の、「わたくし」、「自己」を問題にしているからです。

永井　さきほど「脱落」に触れましたが、この言葉が登場する一節がその「自己」について、こう説いています。「仏道をならふといふは、自己をならふ也。自己をならふといふは、自己をわする丶なり。自己をわする丶といふは、万法に証せらる丶なり。万法に証せらる丶といふは、自己の身心および他己の身心をして脱落せしむるなり」。

水野　道元禅師は、常に人間の生き方を説いておいでになるのであって、死んでのちの世界がどうあるかなど決して口にしておいでになりません。

永井　たとえば、『正法眼蔵』には「生死《しょうじ》」という巻がございますが、そこでもそのようなことには触れていないのですか。

水野　「生死」とは、仏道における生と死のとらえ方を説いたものです。さきほど、『正法眼蔵』の眼目は「自己の他に仏法は存在しない」としている点にあると申しましたが、道元禅師はここで、こう述べています。「仏となるに、いとやすきみちあり。もろもろの悪をつくらず、生死に著《じゃく》するこ丶ろなく、一切衆生のために、あはれみふかくして、上《かみ》をうやまひ下をあはれみ、よろづをいとふこ丶ろなく、ねがふ心なくて、心におもふことなく、うれふることなき、これを仏となづく。又ほかにたづぬることなかれ」。仏になるための容易な道があるとして、もろもろの悪をつくるな、生と死に執着するな、いきとしいけるものへ深い慈悲のこころを持て、などと説き、そういう生き方ができているときこそ、これを仏と名づけるのだ、このほかに仏をさがし求めてはならない、と言うのです。あくまでも、そこには今を生きる「自己」があるだけです。

永井　人はともすると、過去をクヨクヨ考えたり、あれこれと将来に思いを巡らせたり、死んだらどうなってしまうのだろうと不安に襲われたりしがちです。ですから、仏教の世界では一般的に、「生死」とは、生まれては死に、生まれては死に——を繰り返す「迷いの世界」とされ、涅槃、つまり、悟りの世界とは表裏をなすものと位置づけられているわけですが、道元様はそうはお考えにならなかったのですね。

水野　「生死」の冒頭でも、道元禅師は「生死の中に仏あれば生死なし」と言い切っておいでです。つまり、人が生まれて死ぬという事実（生死）のなかにこそ仏は現れるのであるから、迷いの世界としての生死などないというのです。

生命そのものが仏

永井　生まれてからこの世を去るまでの間には実にさまざまな出来事があります。つらいこと、苦しいこと、憎しみや恨み、そして逆に、うれしいこと、楽しいこともです。そういった体験を繰り返して一生を送る「自己」にこそ仏法はあるのだと仰るのですから、殊にわたくしたちのように、これまで長い人生を歩んできた者にとりましては、道元禅師のお言葉は、なんとも心強く、心優しく、人生の「応援歌」のようにも感じられます。水野さんはお袈裟づくりをなさっているとうかがっておりますが、それもまた応援歌に後押しされてのことなのですか。

水野 道元禅師のお説きになる世界に少しでも近づきたいと願いながら、年齢的にも坐禅に打ち込むには無理がありましたし、では何ができるかと考えたとき、「袈裟功徳」が思い浮かびました。

永井 「袈裟功徳」はやはり『正法眼蔵』のなかの一巻ですね。

水野 そうです。そのタイトル通り、袈裟のもたらす功徳を説くとともに、袈裟をつくるにあたっての素材、かけ方、洗い方などについて詳細に述べています。

永井 袈裟はこのお宗旨ではもっとも重要視されているもののひとつだとうかがっております。

水野 法が伝えられたしるしとして伝授されるものだからです。釈尊により定められた法衣であり、解脱服ともいわれます。これを身につければ煩悩から解脱できるのです。

永井 「解脱服」とは、その言葉を耳にしただけで、思わず手を合わせたくなるようなネーミングです。

水野 袈裟を持っている人は、朝に夕に、これをいただいて敬うことだ、そうすればもっとも優れた功徳がもたらされるだろうとして、道元禅師は「世尊の皮肉骨髄いまに正伝するといふは袈裟なり」と語っています。

永井　その言葉に導かれて、水野さんは袈裟づくりを始められたわけですね。「皮肉骨髄」とは、文字通り、人間の体の、皮と肉、骨と髄と解釈してよろしいのでしょうか。

水野　「皮肉骨髄」は中国禅宗の祖とされる菩提達磨とその四人の弟子の故事によります。四人の弟子たちが九年間にわたる修行を終え、それぞれの心境を述べたところ、達磨は弟子たちひとりひとりに、「汝、吾が皮を得たり」、「汝、吾が肉を得たり」、「汝、吾が骨を得たり」、「汝、吾が髄を得たり」と、修行の事実を認めたというのです。道元禅師は「皮肉骨髄」という言葉を折々に用いて、「皮肉骨髄」は達磨の四人の弟子にかぎったことではなく、すべての人びとに当てはまるものであるとしています。

永井　いまのお話もそうですが、道元様は、人間はだれでも仏になれるんだよと仰っていること、また、決して難しいお話をなさっているわけではないことを水野先生からうかがいまして、これはもうわたくしの人生において一大収穫となりました。ありがたいことです。

水野　わたくしたちはこの体をいただき、この体を使うことで生きています。このいただいている生命そのものが仏なのです。どこまで仏の心を持って生きられるか。ほんとうの生き方をするには、仏と同じ気持ちで生きることを忘れてはならない、と言われるのです。

永井　道元様は偉い方ですからお友達にはなれませんが、わたくしの人生にのこされた時間のなにがしかを、道元様のお声、お言葉に耳傾けるためにとっておくつもりでおります。

・この対談は「道元禅師鎌倉行化顕彰碑落慶記念講演会」（平成十四年三月七日）で行われたものです（編集部）

みずの・やおこ　国語学者、正法眼蔵研究家。国立国語研究所研究員を経て駒澤大学、東京女子大学教授。著書に「正法眼蔵」全四巻、「正法眼蔵随聞記の世界」「道元禅師の人間像」など。東北大学法文学部卒。一九二一年、東京都生。

ながい・みちこ　作家。小学館編集部を経て、歴史小説の世界へ。「炎環」（直木賞）、「氷輪」（女流文学賞）、「雲と風と」（吉川英治文学賞）など著書多数。菊池寛賞。東京女子大学国語専攻部卒。一九二五年、東京都生。

アンケート

アンケート項目

（項目ごと、または、ひとつの文章としてお答えいただきました）


〈一〉あなたは日常の暮らしのなかで神や仏を意識することはありますか。

〈二〉「ある」として、それはどんな時、どのようにですか。

〈三〉鎌倉新仏教について、どのような印象をお持ちですか。

〈四〉禅宗について、どのような印象をお持ちですか。

〈五〉道元（とその教え）には、どのような印象をお持ちですか。

〈六〉道元に興味はありますか。あるとして、どんな点に興味を覚えますか。

〈七〉将来的に、宗教（または仏教）は、世界や人類が存続していくうえで、どのような役割をはたすと思いますか。

※弁道
仏であることを自己の身心をもって実際に諾うように、われわれは己が自身の仏に見守られている。

橋本　治

（作家）

私が神や仏の類を意識するのは、子供が「神様お願い」とか「神様ごめんなさい」と言うようなレベルにおいてで、私は、自分のこととしては、宗教そのものに関心がありません。自分を守る「バックボーンとしての神」は、誰の中にでもあるはずなんだから、わざわざ外側にある「宗教の神（あるいは仏）」のところへ行っても仕方がないじゃないか——と思っているようです。

太田宏次

私の実家は信州の片田舎。そのせいか信心深く、何かというと神仏にお祈りする日常でした。心のどこかに神様や仏様が住っておられるような気がしたものです。特に、祝い事では感謝。困った時はお願いです。我が家の宗派も曹洞です。

道元の教えは、人間における性差別の撤廃や宗教間の差別に対する反対など現代にも通用する理論で分かりやすく、信者の尊敬を集め、鎌倉仏教を民衆に根づかせるのに役立ったと思います。

また道元は、不撓不屈の精神で仏道の真髄を求め、優れた思索と論理によって信心しやすい信仰体系を構築しました。「修証一等」、「行持道環」の言葉は、道元禅修行に当たっての本質であると思います。

道元の教えの中では、特に次のような言葉に意味を感ずるこの頃です。「回心向大」・正しい教えによって世界平和を望みたいものです。また、「脚下照顧」・履物を揃えるように世界中の人々も心を揃えて平和に共存することを求めたいものです。

中東の危機を懸念しながら。

（中部電力株式会社取締役会長）

鈴木治雄

私が最も尊敬した谷川徹三先生は素晴らしい教養人であられたが、道元と高く評価されていた。

特に「正法眼蔵」の中の「梅華」の冒頭の章句を最も美しいものと推奨されておられた。

「牙牙タリ老梅樹、忽チニ、開花ス一花両花、三四五花、無数花。」

老梅樹が一つから二つ、三つ四つ五つ、そして無数に開くさまの描写として何と美しい文章であろうかと感嘆する。

「老梅樹の働きは無礙自在である。忽ち花を開いて自ら実を結ぶ。或いは春となり、或いは冬となる。或いは狂風となり、或いは暴風となる。或いは僧の頭となり、或いは古仏の眼となり、或いは草木となり、或いは清香となる。

宝然の不思議な変化のさまは、究め尽くすことができない、云々。」

（昭和電工株式会社最高顧問）

藤居　寛

〈一〉確たる宗教観を持っていないので、日常生活のなかで神仏を意識することは殆んどありません。

〈二〉彼岸の墓参り、父母の命日のお燈明、元旦の初詣、春秋二回の商売繁盛のための神社祈願など、神仏に祈りますが、生活慣習の過程でのことであり信仰、信心とはとても云い難いと思います。

ただ、手彫りの仏様や菩薩像をいつも目の前に置いており、そのお顔で安らぎを感じています。

〈三〉歴史小説を読んでの感じですが、新仏教はいわゆる貴族仏教から民衆仏教への変換ではないかと思います。様々な階層や職業に対して能動的に布教する行動派仏教のような感じがします。それが現象的には現世への抵抗勢力となったり、民衆にある種の解放感を与えたのではないでしょうか。

〈四〉禅宗についての知識は殆んどありません。厳格な修行の姿、座禅、喝といった事柄から、男性的な教義という印象を持っています。

戒律の厳守や修道の厳しさが、武家階級の生活規範になじんで浸透したのだと思います。

〈五〉道元については殆んど知りません。

わが家の宗旨は浄土真宗で、お念仏を唱えれば救われるという他力本願だと子供の頃に教えられましたが、道元は自力本願で自己に厳しい人であったと思います。

〈六〉この機会に道元に興味を持ち、少し勉強したいと思います。

〈七〉現在、文明の衝突という形で、世界中で多くの対立が起こっています。宗教・歴史・民族・言語などが文明の形成要素といわれています。

日本では価値観の多様化という、ご都合主義の言葉で物事の判断基軸が喪失しています。こうした混迷の状況から脱出することが、人類存続のうえで肝要と思います。

二十一世紀のキーワードは『心』といわれていますが、その意味でも哲学や宗教の果たす役割は大変大きいと思います。文明の形成要素がそれぞれ対立してしまえば、これは絶望的であります。

包容力と普遍性のある心と考え方を持った教養が必要と思います。

（株式会社帝国ホテル取締役会長）

アンケート

依田正稔

〈一〉日本人は宗教心が希薄であり、サラリーマン階層は特にひどいといわれる。自らを省みるに私もその一人で、日頃は神仏を意識していない、と恥ずかしながら認めざるを得ない。

〈二〉美しい自然、荘厳な大寺院や社寺仏閣の中にいると、人を越えた存在を感じることはある。ただし、目の前にマリア様や如来様が現われ、思わず頭を垂れてしまうという訳ではない。

〈三〉武家、農民主導の言わば民衆の時代を迎えた勢いを感じる。旧仏教に較べ、解放的、情熱的であり、教義は解りやすい。民衆に支持されたのは当然であり、これらの宗派が今日でも日本仏教の主流を占めているのも故なしとしない。

〈四〉我が家は臨済宗であるので親しみは持っているが、教義についてはほとんど無知である。例えば座禅についてはイメージが涌くが、公案については「何だそれは」というのが実感。しかし自力本願、利他、厳格な修行、禁欲的、知的、文化的、清潔といった印象は持っている。

〈五〉道元についても多くは知らない。名門の出自ながら権門を遠ざけ、修行と布教に渾身の力を注いだ名僧で、高潔、孤高の人という認識。「只管打坐」は実際は大変なことかも知れないが、臨済宗より解りやすい様に思う。

〈六〉興味はあり「正法眼蔵」など読んでみたい気がするが、これとて暇になったら四国霊場八十八ヶ所を回ってみたいかも、と言う程度の気持ちに似ている。

〈七〉現代あるいは近代日本の大問題は真っ当な宗教が力を失ったことにある様に思う。宗教あるいは哲学がなければ自発的倫理観、自己規制もなく社会的規範も失われる。これが今日の精神の荒廃を生み出している大本ではなかろうか。世界的にみても世を救うための宗教の役割は同様に大きいが、何よりも他宗派に寛容な精神を持ってもらいたいと思う。


（株式会社荏原製作所代表取締役社長）

和田龍幸

道元については雑学程度で詳しい知識はありません。

只管打坐、修証一如などがキーワードとして思い浮かびます。

万人に仏になり得る素質があるのなら僧の修行は無意味なのではないか、という疑問を抱き若いときに比叡山での勉強を止めて下りてしまったとのことですが、その答は何だったのでしょうか。

私がなるほどと思っているのは道元の「身心脱落」という言葉です。中国で如浄禅師の教えを受けて仏道が分かったと悟ったときの気持だそうです。これまで開腹手術を四回経験していますが、不思議な事に麻酔から覚めた後、一日二日死の恐怖がなく安らかな気分になります。ずうずうしくも身心脱落とはこんな気分かなと思うのです。

道元の根強いブームが続いているそうですが、人間の本性が軽視されたような効率一辺倒の世の中になって人々は『万事を休息』する時間が欲しいのでは無いでしょうか。

（経団連事務総長）

アンケート

白石かずこ

〈一〉日常の中で神や仏を意識する。

〈二〉特に飛行機にのって旅をする時、離着陸のとき、無事に航行し、つきますようにと思わず神に祈る、もう暫らく地上で仕事をさせて下さいますようにと。また海外であなたの宗教はときかれると、わたしは佛陀に愛されてると思います。その慈悲の掌の上にのせていただいてる、と答えます。

〈三〉鎌倉新仏教は南無阿弥陀仏を信じ、となえれば死んで極楽浄土にいけるという。人々の心が信ずることで救いになるならそれもよし。だがご利益という商法は好まない。

〈四〉禅とはわが心の内側にある、精神的座禅をするわたしにとっては。

〈五〉道元の教え、存在は今の世に最も重要な地球を救うスピリットであり、世の欲望の亡者たちが世界を戦争で亡ぼそうとする現状をなんとかできないかと思う。


（詩人）

現成

評伝

道元禅師の周辺にて

大谷哲夫

※現成

いまここにある現実のすべてのもの、その有様が、絶対的な真理として、仏法の真実として存在しているが、われわれは実際、それをどう諾うか。

一

近年、仏教とくに禅関係の諸研究は極めて盛況で、それらの成果の一部は、さまざまな入門書や講座叢書となり、また、禅の語録も、その代表的なものの多くが現代語訳され、色々な宗教書群とともに書店の一角を占め、江湖の読者の目にふれている。

ところで、禅の表現形式、とくに禅話や公案（禅問答）には、長い伝統の間に、それを理解するためのある種の形式のようなものができあがっていて、特殊な学習を経た者以外にはなじめないものになっている部分がある。たとえは悪いが、初めてパソコンを購入し、それを自分一人で操作するために付属のマニュアルを読んだとしよう。しかし、初心者は、そこに展開される専門用語や横文字に圧倒され、それを理解するだけで日が暮れてしまい、結局はパソコンは作動しないという事態になる。因みに、わが国では、自分の理解の範疇を越えた会話を称して「禅問答」という表現が使われるが、宗教に関心を持つ人々にとってさえも、禅語録に提示されている内容は、それが現代語で表現されていても最も難解な部類に属するものであることは想像に難くない。

仏典の現代語訳というのは、仏教に無関心を装う現代人にとって有効な方法だと言えないわけではないが、一方において、禅関係とくに禅の語録類の現代語訳という読者へのサービスが、かえって〝禅とはこんなものか〟という禅に対する極めて安易な陥穽を作り上げているのではないかと、危惧の念を抱いてもいる。

かなり以前のことだが、*平田精耕老師が、禅の語録『*碧巌録』の第二十二則のへびを扱った禅話によせて、次のような趣旨の文をある夕刊に寄せていたことを思い出す。

かって、*雪峰義存（八二二―九〇八）という和尚が弟子たちに向かって言った。

「南山に一條の鼈鼻蛇《べつびじゃ》あり。汝ら諸人切に須く好く看るべし」（南山に一匹のコブラが住んでいる。お前たち、よくその蛇を見届けておけ）。すると、高弟たちが、それに対して一句づつ答えた。長慶という弟子は「今日、間違いなく一人の男がこの蛇に食われました」と。玄沙という弟子は「何、南山の蛇など、私には用などございませんわい」と。最後に、禅宗史上に最も名をはせる雲門が、持っていた杖を雪峰の前にポンとほうり出して「こわい、

※平田精耕　臨済宗大本山天竜寺派管長。

※碧巌録（へきがんろく）　中国の仏教書。宋代の臨済宗の僧、圜悟克勤（えんごこくごん）（一〇六三～一一三五）の著。全十巻。臨済宗において最も重要とされる書。

※雪峰義存　徳山宣鑑（とくさんせんかん）（七八〇～八六五）の法を嗣いだ。門下からすぐれた禅僧を輩出。道元も著述のなかでしばしば雪峰に触れている。

こわい」と恐れる風情を示した。

師匠と弟子の問答のやりとりはそれだけのことである。

昨年の晩秋、ハンブルク大学で哲学を専攻するという、大変禅に関心を持っている一人の青年が私の道場にやってきた。「私は、『碧巌録』のこの公案（問答）が実によく手に取るように理解できる。きっと、私は、雪峰や雲門と同じ禅の悟りの体験をしたに違いないと思うので、点検してほしい」ということである。話を聞いてみると、この青年は、自分の下宿で独りで実によく坐禅をしている。毎日五時間は坐禅の時間に当てており、それはもう数年続いているという。しかも最近不思議な現象が起こってきた。それは、坐ると自分がたちまち蛇に成ってしまうというのである。坐禅を終わっても、しばらくは手足や肩のあたりが痺れたり、痛みを感じたりする。それで、最近は坐ることに多少の恐怖と危険を感じだした。そこへ、『碧巌録』のこの物語を読んで、自分のこの体験は、まさに一種の禅の悟りの体験なのではないだろうかと思い出して、日本にやってきたというのである。

我々日本人がこの禅の有名な物語を読んで、このドイツ青年のように理解する人がいるだろうか。そこに私は西欧人と日本人の意識構造の差異を見せつけられるような気がした。日本の学生がこの『碧巌録』の蛇の物語を読むとき、頭の中では、まず、この蛇は禅僧が常に問題とする無相（姿の無い）の仏性（悟りの自覚の智慧）を象徴したものと考えるであろう。古来、そのように多くの日本の禅僧たちも理解し解釈してきた。ところが、このドイツの哲学青年はそうではないのである。ただちに坐禅のときに自分が体験した蛇になってしまった自己を、そのままこの物語の中に読みとろうとするのである。

老師は、西欧人と東洋人の意識構造の違い、その根底に潜む西欧人の意識構造と日本人の仏教的境地との差異を述べておられるのであるが、現代の日本人の意識構造がすでに西欧人のそれに近いとき、禅の語録と現代語訳の関係においても極めて示唆的である。

すなわち、それが文学の古典であるならば、訳者の感性による、しなやかで個性豊かな現代的文章による独自の現代語訳によってその内容を表現しても、それがたとえ原文とずれを生じても理解の幅が大きく狂うことはない。また、古典の文献資料にしても、それが学術的なものであるならば、その表現が固くても、訳者が学問的に正確にその語句文章の意味するところを押さえていれば理解から外れるのを心配することはない。しかしながら、禅の語録の場合では、

※山水経　「正法眼蔵」第二九。「而今（にこん）の山水は、古仏の道現成（どうげんじょう）なり」と、山水（自然の山や河のこと）そのものが真の仏の現れであると説いている。

必ずしもそうはならない。当然のことながら単なる逐語訳的な現代語訳では無理が生じる。その極端な例が、前述のドイツの青年であるといっても過言ではない。正師の膝下でもなく、坐禅も無視し、ただ現代語訳によって禅の領域を学ぶというのは、字面にのみ拘って頭のみで理解するものであるから、常にそうした誤解や曲解を生ずる危険をともなう。禅は、単なる思想でもなく哲学でもなく、宗教、であり、特に仏法であり仏道なのである。

よく知られている禅話の「但、見青山常運歩、誰知白石夜生児」を「ただ、青山が常に歩いていることのみを見て、白石が夜、子を産むことを誰が知っているであろうか」などと現代語訳したところで、それは「不思議なことがあるものだ」ぐらいの解釈でその内容の真実の理解は、少なくとも道元禅師の『正法眼蔵』「山水経*」の巻の内容の理解が無いかぎりは、かってある文豪の懇話会で語られたという、次のような知的遊戯に墜ちるのが関の山である。

昔、回教の始祖マホメッドが突然遠くに見える山を指さし、

「あの山を動かして見せる」

と言って山に向かって座り込んだ。皆は、マホメッドのことだからきっとあの山を動かすに違いないと思い固唾を呑んで見守った。しかし、その日は、

山が動かないうちに日が暮れた。

マホメッドは言った。

「今日は駄目だ。明日、動かしてみせる」

翌朝、噂を聞いた民衆は膨れあがった。そこでマホメッドは言った。

「今日は、あの山を動かすぞ」

そして、昨日と同じように山に向かって座り込んだ。しかし、その日も山は動かないうちに日が暮れた。マホメッドは毅然として言った。

「今日も駄目だった。しかし、明日こそはきっと動かして見せる」

翌朝、民衆は、さらにさらに膨れあがった。マホメッドは、また前日と同様に山に向かって身動きもせずに坐り続けた。やがて、その日も暮れかかり、山がいつ動くか、いつ動くかと、一心に山を見続け、その期待を裏切られた民衆がざわざわと騒ぎ出した。

すると、マホメッドは突然、山に向かって叫んだ。

「おーい、山よ」

民衆は静まりかえった。しかし、山は全く動く気配もない。しばらくして、マホメッドは再び叫んだ。

「おーい、おーい、山よ、動け」

それでも、山は微動だにしないのを見てとると、マホメッドは叫んだ。

「おーい、山よ。お前が動かないならば、わしがそちらに動いていこう」

マホメッドはやおら立ち上がり、山の聳えている方へスタスタと歩き出した。

すると、その懇話会の席にいて、その話を黙って聞いていたある人が、したり顔に軽蔑して、吐き捨てるように言った。

「大体、宗教なんてものは、そんなもんだ」

ところが、またある人は、

「いや、いや、とんでもない。この話は、マホメッドだからこそである。この話は、まさに、あの禅話の『青山常運歩』の世界そのままではないか」

と言った。


この話の真偽のほどは定かではない。が、このことは、禅話の知的理解の状況というものの典型を示してはいないであろうか。

禅の語録類の現代語訳は、余程慎重になされないと、そうした知的理解の、知的遊戯の、サロン風理解の手助けをするばかりで、人々の心情を通じて果たされる宗教的な心の安心《あんじん》にあまり役立っていない懸念がある。したがって、禅

※懐奘（一一九八〜一二八〇）道元の法嗣、永平寺二世。

※正法眼蔵随聞記（ずいもんき）鎌倉時代の法話集。道元の法話を弟子の懐奘が記録した。嘉禎年間（一二三五〜三八）に成立。

の語録の現代語訳は、もう少し慎重に対応すべきであり、単なる語句の意味の解釈や理論的な了解だけではなく、その方法についても工夫する必要がある。

二

道元禅師の仏法を知る上で一般に知られているのは、禅師の一番弟子である*懐奘《えじょう》が、禅師のおりおりの言葉を筆録した*『正法眼蔵随聞記』である。禅師自らが和語で撰述された『正法眼蔵』は、その名前は知られていても、そこに展開される仏法の内容は、仏法の真髄を説きながら、思想書・哲学書とまでいわれ、難解で近づきがたいとまでされ、近年、その成立や解釈を巡って宗学論争がくりかえされてもいる。が、実は、禅師には、時節にちなみ修行僧たちに自ら示された演法説示を集大成した語録がある。『永平広録』である。『永平広録』というのは通称で、正しくは『永平道元和尚広録』（以下、通称に従う）という。〝広録〟と称するのは、禅師のご生涯のご演法説示を、上堂・小参・法語・頌古・真賛・自賛・偈頌にわたって広く収集分類、十巻に編纂されたからである。

『永平広録』を構成する主な内容は「上堂」で、第一巻から第七巻までに

※興聖寺　京に開かれた、道元の初めての禅の根本道場。

五三一回の上堂（卍山師校訂の『永平広録』（後述）では五二七回）が、ほぼ上堂順に配列編集されている。

この道元禅師の〝上堂〟は、嘉禎二年（一二三六）十月十五日、興聖寺《こうしょうじ》＊における〝集衆説法〟に始まり、建長四年（一二五二）十一月、永平寺に終わる。

いま、その最初の上堂の現代語訳のみを示しておこう。

道元禅師は、嘉禎二年（一二三六年・丙申の歳）の十月十五日に、始めてこの興聖寺において、大衆を集めて法を説かれた。

上堂なされて、禅師は次のように言われた。

草々にも真実の仏をみる正伝の仏法の家風、また、木々にも真実の仏心を知る、そのようなことを体認しうる修行道場として最好なのは、わがこの叢林である。

叢林では、禅牀を打つ音、太鼓の音、そのような音声のなかにさえも釈尊の微妙な真実の御教が伝え説かれている。

さあ、それでは、まさにこの時、そこのところを、興聖の門下である大衆諸君はどのように表現しえるか。

禅師は、しばし沈黙されてから次のように言われた。

洛南の深草*の地にあるわがこの叢林は、たとえてみれば中国の湖南省の嶺南地方、湘江の南、潭水の北の黄金の国にも匹敵する絶好の場である。したがって、この叢林に一度入れば、人は誰でも真実の仏法に浸り切り切りうるのである。

『永平広録』は、禅師の理想とする叢林のありようを示されたこの上堂を皮切りに、禅師の御年三十七歳からご示寂（建長五年・一二五三）の前年に至るまでの、後半生の最も充実された十七年間にわたる、法堂上での門下への禅師の全生命を賭された直接の演法の全記録である。と同時に、その一端は当時の永平僧団のありようの実相を如実に示す歴史的な記録でもある。そしてまた、その演法示衆には、禅師の正伝の仏法の宗旨が凝縮されて示され、そこでは、禅師の一挙手一投足の所作が躍動し、禅師の謦咳に直に触れることができるのである。

たとえば、寛元四年丙午（一二四六）六月十五日、大仏寺を改め永平寺と改称した時、禅師はつぎのように上堂なされた。

※深草　現在の京都市伏見区墨染町とみられる。

天は仏の智慧あふれて高く清く澄みわたり、
地は仏の智慧しみとおって厚く豊かに潤い、
人は仏の智慧に導かれて心安らかである。

何故、そうであるのかと云えば、釈尊がご誕生なされ、一手は天を指し、一手は地を指さされ、あらゆる方角に廻りあるくこと七歩なされて「天上天下、唯我独尊」と仰せられたからである。

釈尊は、そのように仰せられた。

そこで、永平《わたし》も言明しよう。

修行者諸君、諸君は、これから私の云う、その真の意義を証明してみせよ。

禅師は一旦そのように云われると、しばらく黙っておられてから云われた。

〝天上天下、当処永平〟（天上天下ありとあらゆるところ、その場その場が、正伝の仏法嗣続の場所として尽未来際にわたりとこしなえに平穏である）と。


この〝上堂〟という禅門独特な、法堂上における住持人の、修行僧たちへの厳粛な説法の様式は、道元禅師がその師天童如浄*（一一六三〜一二二八）禅師の叢林の伝統を受けつぎ、我が国にその様式を移入されたもので、禅師は「日本国人、上堂の名を聞く最初は、永平の伝うるなり」（巻五―358）と示される

※天童如浄　中国・明州、天童山景徳禅寺の住持で道元に法を伝えた。古風禅を主張、厳しい修行を求めた。

ように、道元禅師の上堂が日本における嚆矢である。それ故にか、禅師の上堂への情熱は格別なものがある。

定期の五参上堂（ほぼ五日ごとの上堂）・四節上堂（結夏・夏安居九十日間を修行する最初の四月十五日、解夏・夏安居九十日間の修行が終わる七月十五日、冬至・十一月中旬、年朝・一月一日）の外に、釈尊に因む降誕会（四月八日）・成道会（十二月八日）・涅槃会（二月十五日）、また達磨忌（十月十日）・先師忌（七月十七日）・有縁の亡僧・拝請などに応じて仏法の究極を縦横に語り、さらに世俗の端午（五月五日）・中秋（八月十五日）・重陽（九月九日）・除夜（十二月三十日）などの時節に因み仏法の骨髄を無尽に説き示されておられる。

ところで、通説に従い、道元禅師の『正法眼蔵』の撰述年時を奥書によって概観してみると、寛喜三年（一二三一）に、まず「弁道話」の巻を撰述され、寛元元年（一二四三）に「葛藤」の巻を示衆される。その興聖寺時代前後の十三年間には、『正法眼蔵』の各巻四十六巻ほどを撰述され、入越当初の寓居時代のほぼ二年未満の間に、「三界唯心」の巻から「大修行」の巻までの三十巻を撰述されておられる。

そして、寛元二年（一二四四）六月七日に*吉峰寺《きっぽうじ》に別れを告げられ、同年

※吉峰寺　寛元元年（一二四三）、興聖寺を弟子に譲った道元が移った寺。永平寺の外護者ともなった波多野義重の領地、越前志比庄にあった。

七月十八日に大仏寺（後の永平寺）に移られてから、建長五年（一二五三）のご示寂までの大仏・永平寺時代の九年間には、『正法眼蔵』の撰述は僅かに七巻に過ぎない。が、上堂は、興聖寺時代には一二六回（巻一・「宇治興聖寺語録」・『卍山本』は一二三回）に過ぎなかったものが、大仏寺・永平寺での上堂数は、実に四〇五回（『広録』巻二～巻七）にも及ぶ。その事実は、『正法眼蔵』の示衆が、寛元三年（一二四五）を境として殆ど行われなくなったことと時期を一つにする。因みに、禅師の後半生、特に仁治二年（一二四一）からご示寂の前年に至る十一年間に亙る上堂回数は実に五〇一回にも及ぶ故に、禅師の後半生の、まさに円熟された演法説示は『永平広録』に収録されている上堂にこそあることが歴然とする。

上堂以外の、「小参」二十編・「法語」十四編・『普勧坐禅儀』（後述『卍山本』では『坐禅箴』一編も含む）一編は第八巻に、「頌古」九十則は第九巻に、「偈頌」類は第十巻に収録されている。

とくに、禅師の作頌は、上堂の中にほぼ一七五首、巻九の頌古に一〇二首、巻十の偈頌は一五〇首となるので、偈頌の総計はほぼ四二七首となる。

道元禅師は、説法について、「それ説法は直に須らく応時応節なるべし、若し、応時せずば総て是、非時閑語なり」と言明された。説法は時節因縁に即さなければ、それは無駄話に過ぎないとのご説示である。ともあれ、道元禅師の正伝の仏法は、筆者にとっては、その機峰まさに巍々然と聳える万仞のごとく、測り難く攀り難く、さらにまた滔々然たる万頃の波の涯際、全く見極め難き感を懐かしめるものではある。

三

曹洞宗の機関紙である『曹洞宗報』に「道元禅師の『永平広録』を平易な現代語にして連載してはどうか」と、お話しがあったのは、平成四年（一九九二）の十月頃のことであったと思う。

その時期、私は、『祖山本　永平広録　考注集成』上下二巻（一穂社・昭和六三年刊）並びに『卍山本　永平広録　祖山本対校』（一穂社・平成三年刊）全一巻を上梓し、その集大成として「『永平広録』の成立とその展開」（仮題）と題する論文を執筆中で、それがほぼ完成に近づきつつあった（未だ完成せず）。同時にまた、大蔵出版社から『訓注　永平広録』上下二巻の出版準備を進めてもいた（平成八・九年に出版）。そして、それらが一段落した暁には、いずれは『永平広録』全体の現代語訳もぜひとも必要であろうと思っていたので多少の逡巡と躊躇を感じながらお引き受けした。

多少の逡巡と躊躇とは、こうである。

『祖山本　永平広録　考注集成』上下二巻が世に出た時、学生時代の朋友の何人かに本を送った。が、さしたる反応のないままに時が過ぎ、その後、その友人たちに会う機会があるたびに、感想を求めると、殆ど異口同音に「難しいね、解らない」という応えが返ってきた。

遥か昔とはいえ、学生時代に共に漢籍を、東洋哲学を、そして仏教も学んだ朋友たちである。彼らは、文筆をもって職としたり、宗派は違っても仏教会の中堅であったりする。彼らは、漢籍はともかくも、仏教にはそれなりの見識を持ち合わせている。それにも拘わらず、「歯がたたない、これこそがまさに禅問答そのものだ」と言う。予想していた応えとはいえ、私は、かつての自分を思い出し苦笑せざるをえなかった。

それは大学院の学生の頃であった。『正法眼蔵』を拝読し、今は故人となられた恩師の横井覚道先生に、先生の「難しいですね」という言葉を期待しながら、私は、

「『正法眼蔵』って難しいですね。何が説かれているのかさっぱり解りませんと申し上げた。

すると師は本当に怪訝そうに、しかも悲しそうな顔をされて、
「えっ、あんなに懇切丁寧に説かれているのに何が解らないのですか」と一言のみ言われた。私は呆然としながらも、「解っている人がおられる」と自分の不明を恥じ、「よし、これを解るようになろう」と改めて志を固めた。私はその頃の事を思い出したのである。

以来、私は、大学院から曹洞宗研究所に在籍の期間、『正法眼蔵』づけにさせていただいたといってよい。そして、わずかながらにも、『正法眼蔵』の深遠な語句が知識として我が身の中に累積されてくると、道元禅師の正伝の仏法が腑に落ちたような錯覚にとらわれた。禅師の仏法が知識としてのみ頭の中で肥大化した。当時は、特にハイデッガー*の時間論・存在論と『正法眼蔵』の関連部分と思われる部分との比較に、乱暴にもわずかな仏法の知識をもって挑み、頭で理論構築できるとする愉悦に浸っていた。しかし、禅師の仏法を、わずかな知識によって穿たれた小さな穴からの狭い認識によってとらえたためであろうか、現代という時代を背景とした宗義、教団のありよう、僧侶としての自分の存在、自分自身の中の絶対なるもの、仏法への懐疑心等々がとりとめもなく噴出し、そのやり場の無さに辟易とし、それに反比例するように正伝の仏法への信仰心が希薄になっていく畏怖の念に強く悩まされた。しかも、平行的に江

※ハイデッガー（一八八九〜一九七六）ドイツの哲学者。実存哲学を形成、存在そのものの解明に挑んだ。著書に『存在と時間』など。

※儒教　中国・春秋時代の学者、思想家の孔子（前五五二〜前四七九）が唱えた道徳、教理を体系化したもの。

※朱子学　中国、南宋の朱熹（一一三〇〜一二〇〇）がつくりあげた新しい儒学。江戸幕府は官学として保護した。

戸時代の伝統宗学に関心を持っていた私は、幕末期に仏教に身をおいた人たちが儒教*にその身をくら替えし、儒教とくに朱子学*あるいは国学的立場をもって仏教を徹底的に誹謗中傷し批判していることに、新鮮な驚きを覚えるとともに、そうした儒者側の立場を、心のどこかで、現代の仏教のあらゆる面に通ずる批判として肯定しつつ、しかもそれは悲しいかな、無益な犬の遠吠え的な批判に快哉を叫んでいる自分に気づき、奇妙な不安感にも苛まれた。宗学参究という、宗団の教学を学問として捉える場に身をおく者にとって、それは甚だしい葛藤の場であった。

それにまた、『正法眼蔵』のもつ質量、とりわけ、知識だけでは処理しきれない法量の膨大さにも圧倒されていた。また、私の思量を越えていたのは、道元禅師が宇治の興聖寺を弟子に譲られ入越、あの厳寒の地で、しかも、わずかな期間に膨大な分量の『正法眼蔵』を書き上げ示衆されておられることであった。禅師は何をお急ぎになられているのか、大きな疑問さえも抱いた。が、いずれにしても、禅師は入越後、大仏寺を開かれるまでに大部な『正法眼蔵』を著作し示衆された。その禅師の畢生の書に、私は没頭させていただいた。と同時に、巷説では道元禅師の仏法を、『正法眼蔵』によってのみ説かれているように受け取られているが、中国禅者に対する参究のように、何故、禅師の「語録」に光りを当てないのであろうか、という全く素朴ながらも極めて強い疑問を抱いた。

そのような諸々の契機から、『永平広録』の拝読を始めたのだが、それは初めから暗中模索の状態で、私の『永平広録』参究は最初から躓いた。内容について、皆目、歯がたたないのは予想されたことだが、まず、底本と呼べるものが定まらなかったことが大きな原因の一つであった。『正法眼蔵』のみに目が向き、『永平広録』がないがしろにされてきた理由の一つが理解できたような気がした。

当時、『永平広録』の参考書は、『正法眼蔵』に較べて、まことに少なく、私の座右に置かれたのは、原本としては和本の卍山本『永平広録』と伊藤俊光師の『永平広録註解全書』（四巻）のみであった。したがって、私の拝読作業は先ず、『永平広録』の底本づくりから始めざるをえなかった。そして、長い模索の上に成ったのが、『祖山本　永平広録　考注集成』であり『卍山本　永平広録　祖山本対校』であるが、その作業の過程のうちに、『正法眼蔵』のみに頼っていた、以前の自分の葛藤の幾つかが解けていき、徐々に自分の自内証の世界が開けていった。

ところで、たとえば、『永平広録』（巻一―62）にみられる、

上堂。挙。百丈野狐話了、云、将胡鬚赤希有赤鬚胡、不落与不昧因果、更因果、諸人要知因識果也無。挙払子云、看看因果歴然、擲下払子、下座。

これを、訓読し、文字通りに単純に現代語訳しても、読んだ人にとってはほとんど理解不能なのではないかと思われる。せめて、文字面だけでも理解しようとするならば、『正法眼蔵』にも説示されている「＊百丈野狐《やこ》の話」の知識が前提となる。しかし、それさえも文字面だけの理解に止まり、禅師が払子をふるわれた所作は見えてもその真に意味するところは杳として解らない。何故ならば、『永平広録』の上堂は、仏法に対する解説を越えて、仏法参究の修行者に対する〝さとり〟についての真っ向からの問いかけに他ならないからである。禅師の上堂における仏法の実践は、その師匠である如浄禅師の膝下で実体験され、ご自身が感動され極められたその様式を、そのまま日本で実行されておられるので、その上堂は、正伝の仏法の本質に他ならない。

道元禅師は、如浄禅師の膝下において学んだ正伝の仏法を、言ってみれば、〝＊只管打坐〟を中心とする非言語の世界をまず、和語で『正法眼蔵』として書き表し、弟子たちに示衆という形で学ばせ、次に上堂という場において、仏法の何たるかを実践してみせたのである。つまり、『正法眼蔵』は禅師の上堂のための布石ともいえるのである。それが、道元禅師が酷寒の地で、大仏寺が

※百丈野狐の話　「宏智禅師頌古百則」に出てくる。中国・唐の禅僧、百丈懐海（七二〇〜八一四）と畜生道におち野狐となった老人の、因果をめぐる話。『正法眼蔵』の「大修業」「深信因果」巻に出る。

※只管打坐（しかんたざ）　道元の禅の特色をもっともよく表現していることば。坐禅を無所悟の立場から端的に実践すること。

出来上がるまでの短期間に『正法眼蔵』のほとんど全てを書き上げ示衆されている理由の一つとも考えられるのである。言い換えれば、禅師は先ず、当時にあっては言葉をもって表現されていなかった仏法のさとりについて、『正法眼蔵』という題の教科書を書き表し示衆し、次に上堂という場で、様々にとりあげ、しばしば〝また、委悉せんと要すや〟、〝畢竟、如何〟、〝且らく如何〟などと、大衆に向かって問いかけ試験をされ、払子で一円相を画いて見せたり、禅牀を打ったり、投げ捨てたり、時には拄杖さえ放り出して、弟子たちにさとりを具現化して示し、さらに〝良久〟という時間的空間を演出して、思考の場を与え、最後に偈頌をもってさとりの実践をされたのである。つまり『正法眼蔵』各巻は、参学者たちへの信に基づく仏法の教科書であり、『永平広録』の上堂は、その知に基づきさらにそれを透過した悟りへの実践の場、さらに、信に基づく行への転化の場、魂の救済の場、そして、如浄禅師から正伝された仏法の宗教的本質を具現化する〝いのり〟の場でもある。要するに、道元禅師の仏法は『正法眼蔵』各巻の説示と『永平広録』の上堂とによって完結するといえるのである。

少し長くなったが、禅師の語録『永平広録』の現代語訳に、私がいささかの躊躇と逡巡を抱いていたとは以上のようなことであった。つまり、禅の語録を単純に現代語に直して、とくに道元禅師の語録の場合一体何が分ってもらえるのであろうか、という懸念と疑義を感じていたということである。

ところで、世はまさに、心の時代と称されて久しく、出版社を含めて、一般の人々からは、何故か漢文で書かれた仏典類の現代語訳が求められ流行している。和訳し現代語訳さえすればわかるという錯覚や思いこみや幻想があるからそのような希望もでるのであろうが、事の本質はそれほど容易ではない。日本人はとかく結論を性急に求めすぎる嫌いがある。そうしたところから、厳としてある非言語の世界を全く無視して、仏教を悟りの宗教ではなく知性の宗教であるなどと標榜したり、禅の語録類等の、文字では表現できないところを、他学を背景とするわずかな西洋的知識を基準として理解しようなどとすれば、これはあきらかに誤解であり行き過ぎである。つまり、道元禅師の仏法は『正法眼蔵』各巻の説示と『永平広録』の上堂とによって完結するという厳然たる事実を無視して、『正法眼蔵』を知の理解のみでよしとするところから、禅師の教えであろうとも衒学に基づく批判的な考察が跋扈する風潮を生むことになる。ましてや謎かけであると称して単に頭でのみ理解しようとすれば、それは単なる頓知話になり、道元禅師の伝えた正伝の仏法について甚だしい曲解を生む。

そのような懸念があるからこそ、禅師は上堂（巻七—513）に説示なさる。

所謂、悟は、太だ容易に領覧せざるなり。思量分別の能く解する所に非らず。聡明利智の暁了する所に非らざるなり。

とくに、禅師の将来された正伝の仏法は、智慧を媒介とする「信」に基づく「行」の実践において真実相を表しているのであり、只管打坐によってのみ真実の理解に至るといっても過言ではないからである。また、禅師の正伝の仏法の実際というのは、禅師が鎌倉行化から帰られて、その翌日の上堂（巻三―251）で示されたように、明らかにさとりを得たもの（明得）であり、それは充分に説き得る（説得）ものであり、それを疑いなくしっかりと身につけ信ずる（信得）ものであり、そしてさらに、それを行じきる（行得）ことなのである。発心し威儀即仏法と信じて日々を行じること、絶対的な信仰心に基づく精神の酔いを持つことが必要なのである。

信に基づくことのない宗学は、現代的分別智、つまり十九世紀以来ドイツを主な舞台として展開し、欧米思潮の主流を形成した極めて強い論理的な思惟の範疇で批判にこそあるという思い込みを育む土壌を生む。しかし、そこには、極めて個人的で知的な遊戯はあっても、その背景にあって、発心し威儀即仏法と信じて日々を行じている真摯な僧侶たちへの配慮が欠如している。そこには

※達磨大師　中国禅宗の始祖。インド出身といわれる。嵩山（すうざん）・少林寺での坐禅は面壁九年におよんだとされる。

※現成（げんじょう）　現実にあるすべてのもの、そのありのままが、絶対的な真理として、仏法の真実として存在していること。

現代宗学といえども教団を背景として成り立つことへの慈慮も配慮もなく、知的遊びがあっても絶対的な信仰心に基づく精神の酔いも安心《あんじん》もない。宗学は現場と直結するものでなければ真の意味がない。

＊達磨大師以来、禅者たちは、禅的境涯が知的遊戯に堕する点があるからこそ、種々に功夫してきた。禅の真実が師資相伝という内に＊現成されるがゆえに、随身というかたちがもとめられたり、提唱を聞かせ、禅機と呼んで、苛酷なまでの修行を求めた。

ゆえに道元禅師は、同じ上堂（巻七―513）に、

> 夫、仏法を学習すること、最も難得なりとなす。所以は何となれば、縦え発心の実有りと雖も、落魔を知らず、発病を覚えずば、道心破敗し、修証退堕す。真に憐憫すべき者なり。近代の学者、聡明魔にみだされて以って悟道となし、名利病の発るに値って効験となす。

と、仏法の難得さとその理解の安易さを諌めて上堂なされ、また別の上堂（巻四―304）でも次のように説示なされておられる。

夫、学道は大だ容易ならず。所以に古聖先徳、善知識の会下に参学し、ほぼ二三十年を経て究弁す。*雲巌《うんがん》・*道吾、四十年弁道し、*船子和尚、*薬山に在ること三十年、只、箇此事を明得せり。*南嶽大慧《なんがくだいえ》、*曹渓に参学して十五年、*臨済、黄檗山に在って松杉を裁ること三十年にして此の事を弁ず。然れば則ち、当山の兄弟、須らく光陰を惜しんで坐禅弁道すべき者なり。

つまり、禅仏教の台頭は、中国における移入仏教による翻訳仏教やその解釈や註解を中心とする学問仏教に飽き足らず、中国人特有の儒教や土着の信仰を土台とする*道教などを背景としての現実主義に基づく実践仏教として、思想でもなければ哲学でもない歴とした信仰による宗教として台頭したものなのである。

禅仏教の一大特色は、〝打坐〟即〝さとり〟を中心として人と人との関係を最も重んじ師匠と弟子つまり法の嗣続という点で師資相承とか面授面稟と形式で伝えられているところに真骨頂があり、その形式は師資の関係の上での、中国独自の「語録」という形で表現されて来ている。したがって、師の行を言葉で集積して後人に伝える「語録」という表現形式で伝承された字句を錯って解釈するならば、それは禅的真実には到底至らず、また国語学的文学的に正しい

※雲巌　雲巌曇晟（どんじょう）（～八四一）。唐代の禅僧。はじめ百丈懐海に二十年学んだ。門弟に中国曹洞宗の祖、洞山良价（とうざんりょうかい）がいる。

※道吾　道吾円智（七六九～八三五）。

※船子　船子徳誠（せんすとくじょう）（～八八〇）。

※薬山　薬山惟儼（七四五～八二八）のこと。

※南嶽大慧　南嶽懐譲（えじょう）（六七七～七四四）。

※曹渓　中国禅宗第六祖慧能（えのう）（六三八～七一三）のこと。

※臨済　臨済義玄（～八六六）。唐代の禅僧で中国臨済宗開祖。黄檗希運に師事した。

※道教　不老長生、現世利益を主な目的に、自然発生的に中国で誕生した宗教。古代の民間信仰がそのベースとなった。

字句の解釈のみに拘泥して、そこに逡巡すれば、それは単に学解の単純解釈に過ぎないのであって、禅師の最も嫌う算沙の輩の解釈となって、眉鬚堕落せざるを得ず、これまた禅的真実にはほど遠い存在となってしまう。そのような思考の連鎖を繰り返しながら、私は試行錯誤を続けた。

『永平広録』を易しく分かりやすい現代語にするということは以上のように全く難事で、自分自身の見解も全く貧しい模索の軌跡であることを承知の上で、宗祖の宗風を些か反するのではないかと懸念しながら、あえて道元禅師の宗風を単なる知的遊戯に陥らずに正しく理解する仏縁となればと、心より願いながら、語録の妙味を少しでも失わないように、原文、訓読文、語義、現代語訳、解説という形をとって編んだのが『道元禅師　おりおりの法話　永平広録に学ぶ』であった。

四

平成十三年の六月の中旬、私は、道元禅師の生涯を『永平の風』と題してほぼ書き上げていた。その章立ては、禅師の秀歌「春は花　夏ほととぎす　秋は月　冬雪さえて　冷しかりけり」にちなみ、「花」「ほととぎす」「月」「雪」の四章とした。そしてなお、第一章「花」で、乱世に誕生、母の死、決意、大疑問、求道の一歩、第二章「ほととぎす」で、海を越えて、天童山へ、失意の淵、正師現る、暁天の大悟、空手還郷、第三章「月」で、夜明け前、達磨の僧来る、圧力、深草に坐る、思惑、苦難の日々、第四章「雪」で、越前へ、永平の地、鎌倉へ、信念、入寂の日、の節に分け、その筋立てに沿い、時系列的な考証、資料との照合、とくに余分に書きすぎた部分のそぎ落としに没頭した。

巷間、禅師の生涯には劇的場面が少なく、只管打坐ばかりで映画にも小説にもならないと言われている。が、それは、同時代を生きた法然*、親鸞*、一遍*、日蓮*上人たちとは仏者としてのありようの違い、求める道の違いでもある。ましてや、映画や小説になるからといって一概に劇的というわけのものでもない。禅師のはてしなき求道者としての只管打坐の世界では、その生まれや俗社会の生臭い事象は関心の外にあるのは当然のことで、後代の私たちから見れば、その生涯が同時代の祖師方にくらべて絵になる場面が少ないのは当然といえる。しかしながら、禅師の自著である膨大な『正法眼蔵』、中国留学記である『宝慶記』、禅師に生涯にわたって随身した懐奘の『正法眼蔵随聞記』、禅師の弟子たち懐奘・詮慧*《せんね》・義演*らの編纂した道元語録である『永平広録』、そして禅師の数々の伝記類、さらに禅師の同時代の書籍などから、禅師の周辺を詳細に

※法然（一一三三〜一二一二）平安時代末期の僧。浄土宗を開いた。

※親鸞（一一七三〜一二六二）鎌倉時代の僧。浄土真宗の開祖。

※一遍（一二三九〜八九）鎌倉中期の僧。時宗の開祖。

※日蓮（一二二二〜八二）鎌倉時代の僧。日蓮宗の開祖。

※詮慧（一一九八〜一二八〇）道元の門人。『永平広録』の編纂に当たったひとり。

※義演（〜一三一四）永平寺第四世。『永平広録』の編纂、『正法眼蔵』の書写に当たったひとり。

※没蹤跡　言葉や行為としての跡をとどめないこと。大悟徹底した人の自在な境地を示す語。

追ってみると、時代に生きた禅師のすがたが彷彿と浮かび上がってくる。

私は、ことさらに人間ということを強調するような「人間道元」などという呼称を好まないが、あの鎌倉という時代に生き、正伝の仏法を確立した禅師のすがたがドラマでないはずはないと思っている。何をもって劇的（ドラマチック）とするかは、全く主観によるもので、劇的と劇画的とは、意味が違う。はてしなき求道者として正師天童如浄に邂逅するまでの、先輩僧たちを否定し続ける禅師のその旅路での心の葛藤とその精神の軌跡は極めて鮮烈である。ともあれ、禅師のはてしなき求道の旅路は、ありとあらゆる全てを投げ出し、仏道を極めるという狂おしいほどの憧れに自身を明け渡すことから始まる。そして、それを具現化するために、禅師は必死に尋師訪道し、自己という存在を確かに認識する方向に向けた終わりのない旅を続けられ、そのご生涯にまさに風のごとき*没蹤跡《もっしょうせき》の事象を展開された。そして、その仏法は、今や洋の東西を問わず現代に生きる人々を魅了してやまない。しかもその仏法は、時空を超越した風となって未来にも確実に生きていくには違いない。しかし、その生涯をドラマとして描き出そうとすると、禅師にとってはどうでもよいことでも、そこにこそ光をあてるという視点を定めねばならなかった。だが、それは、文献上に現れている事象や伝説や異説などを取捨し、それを著述のなかでどこまで真実に近づけ得るかという誠に困難な問題でもあった。

そのようなことを念頭に置きながら書き続けている最中に幾度となく、夢にまで現れた人たちがいた。そして平成十三年十月に上梓した後も、今日に至るまで時折、残像として残っている人たちがいる。その人々は、道元禅師の父*通親《みちちか》であり、*公暁であり、玄明であり、*寂円《じゃくえん》であり、とくに只管打坐の行持を一瞬の懈怠もなく実践される禅師を心から慕い、ひたぶるに打坐し、そこにおのれが全精神を埋没し躍動させ、自己の確立をしようとしている真摯なお弟子たちであった。彼らは、私が禅師の周辺に点在する伝説や風聞や伝承を活用しながら物語を構成するとき、私が多少なりとも納得しかねて逡巡していると、きまって彼らは、私に異口同音に「おい、それは違うよ」と言葉少なに語りかけては忽然と去って行った。

そのような事例は枚挙に事欠かないが、その二、三を紹介してみよう。

禅師の実父とされる久我《こが》通親（一一四九〜一二〇二）はその祖を村上天皇とし、土御門天皇の外祖父として久我中院正統土御門内大臣と号して京の朝廷政治を牛耳り、鎌倉の*源頼朝（一一四七〜一一九九）の勢力に拮抗した、まさに権謀術数にたけた人物である。が、和歌は六条季経に師事し、『*千載集』や『*新古今和歌集』にも載せられる優れたものを残している。その通親の第二子

※通親　久我通親（一一四八〜一二〇二）。道元の父。土御門天皇の外祖父、内大臣をつとめた。

※公暁（一二〇〇〜一二一九）鎌倉幕府二代将軍、源頼家の子。頼家の弟、三代将軍の実朝を殺害した。

※寂円（〜一二九九）宋の人。道元の門人で懐奘の法を嗣いだ。

※源頼朝　鎌倉幕府の初代将軍。武家政権の基盤をつくった。

※千載集　平安末期の勅撰和歌集。後白河院の院宣（いんぜん）で藤原俊成（ふじわらのしゅんぜい）が選んだ。

※新古今和歌集　鎌倉時代初めの勅撰和歌集。後鳥羽院の院宣により藤原定家らが選んだ。

で、禅師の育父となる通具は、源亜相と呼ばれた当時一流の朝廷政治家であると同時に、「歌仙」藤原定家*（一一六二〜一二四一）と並び称される文人であり、『新古今和歌集』編者の一人でもある。私は、その道の専門家である駒澤大学の林達也教授（現駒澤大学図書館長）に頼み、通親の和歌を抜き出してもらい、それを後に道元の母となる伊子への相聞歌とした。伊子は、関白の座を三百年も独占してきた藤原家の元摂政で松殿と通称された藤原基房*（一一四四〜一二三〇）の三女で、絶世の美女と言われ、木曽義仲に嫁ぎながら、その死後不遇を託っていた。私は、その和歌を用い、「ありあけの月の出る明け方近く、伊子のもとから帰った通親は、『おもえただ　いりやらざりし　あり明けの　月より先に　いでし心を』と書き送るほどであった」と書き、さらに、「通親が伊子のもとに通えず『朝夕離れたくないものを……』と言い遣わすと、伊子は、『あぢきなく　人さえありそ　詫びぬべき　物思ふみの　かげになりなば』と返歌した」と書いた。

　若き日の禅師には、資料的には不思議と同年代の友達と呼べる人物が一人も登場しない。そこで、そのただ一人の悲しい友人として公暁を登場させた。公暁は道元と全く同年に、鎌倉二代将軍源頼家の第三子として生まれ、後にその叔父実朝を暗殺し、自身も無惨にも惨殺され、源氏を三代で断絶せしめた歴史

※藤原定家　鎌倉時代初期の歌人。藤原俊成の子。有心体（うしんたい）の象徴的歌風を確立して歌壇の指導者となった。

※藤原基房　道元の母、伊子の父。太政大臣、関白をつとめた。

上の人物である。私が公暁に興味を持ったのは、奇しくも昭和三十年代のあの浅沼暗殺事件の当時であるので、私には公暁と浅沼事件がどうしても二重写しになる。それはともかく、公暁は祖母北条政子*に育てられ、その命により、鶴岡八幡宮別当の尊暁の弟子僧とされ、当時は園城寺の公胤の弟子となっていたはずである。そして、一方は公家の子、一方は鎌倉源家の子としてその環境もよく似ていて、何よりもまず、当時、道元の住んでいた比叡山の般若谷と園城寺は非常に近い位置にある。そこで、あえて公暁を禅師の唯一の友として登場させ、当時の日本仏教の批判をさせることにしたが、それは公暁という人物を借りての現代仏教の歪みの中に浸っている私の自己反省でもあった。後に、禅師は、鎌倉行化のおりに、鎌倉八幡宮の実朝暗殺の現場に佇ずみ、公暁に想いを馳せたであろう。公暁の死後三十年近い年月が過ぎ去っていた。その時、公暁は禅師にはっきりと言ったはずである。「やあ、お主もついにやってきたか……」と。禅師が小半時もそこに佇んだのはそうした理由による。

道元禅師の鎌倉行については、旧来様々な説がなされている。その代表的な説が時の執権時頼*の招聘による時頼との会見である。その会見の現場で何が話し合われたのかその内容については、禅師が残したと伝えられる『大般涅槃経』の断簡から想像を逞しくすると容易にある推論に達する。この断簡は、釈

※北条政子（一一五七～一二二五）源頼朝の妻。頼家、実朝の母。実朝没後、尼将軍として幕府の基礎を固めた。

※時頼　北条時頼（一二二七～六三）。鎌倉幕府第五代執権。三浦一族を滅ぼし北条氏の権力を確立した。禅を信仰し、建長寺を建立した。

※波多野義重　鎌倉時代の武将、越前志比庄の地頭。永平寺の外護者。

※放生会　捕らえた生きものを、供養のために放してやる法会。

尊の在世中、父王を殺して即位し、生き地獄に懊悩する阿闍世王の行為を正当化しようとする六大臣の詭弁と阿諛追従のみが記されている。それは、当時、前将軍九条頼経を京に追放し、朝廷権力の弱体化を謀り、さらに北条家の後ろ盾であった名越一族を滅ぼし、また北条家の走狗となってあらゆることに仕えた三浦一族を追放することに躍起となり、ついには頼朝を祀る「法華堂」に追いつめ、一族二七六名の悉くを自害せしめた、時の二十一歳の執権時頼に見事に二重写しとなる。私は、法華堂に自害して果てた三浦一族二七六名の無念の怨念を、父王を殺害して天下を取った阿闍世王の懊悩を生き地獄とすれば、時頼のそれは名越や三浦一族全ての人々の生首が群れ飛ぶ血の池地獄と想定した。ただし、禅師の鎌倉行は、阿闍世王のごとく懊悩する若き執権時頼の単なる救済などではなく、そこには、禅師の大外護者であり、永平寺の大檀越である*波多野義重の種々の思いも強く慫慂となって働いていたはずである。それは、今は亡き実朝供養の*放生会が、その年の十一月十五日行われるのであるが、それまでに実朝の近習でありながら、その眼前で暗殺された波多野一族の無念の思いを懺悔し滅罪しなければ放生会に臨めない痛恨の思い、また波多野一族の領地内にある実朝の首塚での供養、さらに北条政子と実朝の菩提を供養する意味合いももたせた永平寺の寺領の安堵の件もあったと思われる。またさらに勘ぐれば、鎌倉幕府側としては、時の中国事情の情報収集、鎌倉武士社会の精神的支柱となるであろう旧天台ではない浄土仏教でもない中国直輸入の極めて自力心の強い禅仏教の導入、そして朝廷側にしてみれば、禅師の異母兄である土御門*（久我）定通が内大臣として隠然たる権力を握っていた背景を考えると、禅師の鎌倉行は当時鎌倉と朝廷との間に生じた亀裂の修復の意味合いがあったとも考えられる。そのように種々雑多な要素が複雑に絡み合っているのが、禅師の鎌倉行であった。が、私は、禅師が鎌倉から帰山した翌日に上堂した内容から、そして鎌倉において作頌したという偈頌に、禅師が最も嫌いながらもあえて関与しなければならなかった政治的な配慮を嗅ぎ取る。その偈頌の内容は、恐らくは、朝廷側の誰かが見れば、それは、鎌倉と朝廷の間に生じていた亀裂の修復がなったことを示したのではないかとさえ思える。そこで、私は、禅師の鎌倉への出立にあたって「その日、道元は、二通の書状をしたためた。一通は京の近衛殿へ、もう一通は義重あての返書であった」とした。

　その鎌倉行きにつれていった弟子玄明については、禅師が鎌倉にまで連れて行ったほどであるから余程の人物であったはずで、禅師の伝記を記した『建撕記』では、禅師の怒りに触れ、その単を七尺も掘り下げられ、禅寺では一番罪の重い擯出《ひんしゅつ》という、破門ないしは勘当に当たる重罰を受けて永平寺から追放さ

※土御門（久我）定通（一一八八〜一二四七）鎌倉時代の公卿。妻は北条義時の娘。

れたことになっている。それは、禅師の定めた『重雲堂式』に「堂中のをしへにかかはらざらんは、諸人おなじこころにて擯出すべし」とあり、現代の僧堂にすら開かずの扉となっている「擯出門」なるものがあるので、実際はそのようにされたのかも知れない。そのようにするのが真実の慈愛というものだったのかも知れないからである。しかし、私は、当時の永平寺の窮乏をよく知っている玄明の心情を考えるとどうしても禅門の「自領出去《じりょうしゅっこ》」つまり、自分で自分の罪を認めて自分から去る、という形にせざるをえなかった。

寂円は、道元禅師を慕って、禅師が帰国した翌年早くも日本にやって来て、終生禅師に随身し、只管打坐の世界に生きた孤危険峻と言われた中国僧であるだけにその資料は誠に少ない。私は、禅師と寂円との機縁を、病床にある禅師の師明全と懸命に看病する禅師との師弟愛に求め、その現場に常に立ち会わせ、*明全の臨終の場にもひっそりと立たせた。そして、道元禅師示寂後、そのご遺体を建仁寺に立ち寄らせたのも、中国での明全と禅師との師弟愛を目の当たりにしていた寂円の懇願とした。

そのように、禅師の周辺に点在する伝説や風聞や伝承を活用しながら物語を構成するとき、きまって「おい、それは違うよ」という言葉とともに夢に登場人物が現れたのではなかったか。それは、この『永平の風』に登場する百何十

※明全（みょうぜん）（一一八四～一二二五）建仁寺住持（?）ののち、道元とともに宋へ渡ったが天童山で没した。

人もの人々の叫びで、私の鎌倉時代の事象を現代感覚でのみ理解しようとする勝手な思いこみへの警告であったのかもしれない。そのようなとき私は、人知れず困惑し、その言葉に込められた真の意味に幾度となく思いを巡らした。

しかし、禅師が語らなくても、その門下の人々に透けて見えていた事実を、道元禅師七百五十回の大遠忌を機会に何とか蘇らせて現代の人々に伝えたい、という強烈な思いが私を突き動かしてやまなかったのである。

おおたに・てつお　駒澤大学、駒澤短大学長。曹洞宗宗学研究所所員などを経て、駒澤大学に。学生部長、教務部長を歴任。著書に「道元禅師　おりおりの法話」「永平の風　道元の生涯」等。早稲田大学、駒澤大学の大学院を終了、満期退学。一九三九年、東京都生。

●道元　年表（※は末尾に解説あり）

西暦	年号・年齢	道元関連事項	国内の出来事
一二〇〇年	正治二	京都に誕生。父・内大臣久我通親《こがみちちか》（※）、母・太政大臣の藤原基房（※）の娘、伊子《いし》。	頼朝の一周忌法要で栄西が導師（正月）／北条政子、栄西を開山に寿福寺建立（鎌倉）
〇二	建仁二。三歳	父・通親、没（十月）。五十四歳。	源頼家、二代将軍に（七月）。栄西を開山に建仁寺開創（京都）
〇三	三。四		北条政子・時政、比企一族・頼家嫡子の一幡を滅ぼす（九月）
〇四	四。五		源頼家、幽閉先の伊豆・修善寺で暗殺（七月）
〇七	建永二。八	母・伊子、没（三月上旬）。三十九歳。	法然・親鸞、配流に
一一	建暦元。一二		源実朝が栄西に新年の歳厄を祓わせる（十二月末日）
一二	二。一三	おじ・良観（天台僧）をたずねる。良観は出家を思いとどまらせようとしたが、その意志の固いことを知り、比叡山横川《よかわ》の首楞厳院《しゅりょうごんいん》へ送った。道元は千光房（比叡山横川般若谷）に住み天台教学を学ぶことになる。	法然、没（一月）
一三	建保元。一四	天台座主（七十代）・公円（※）について剃髪、	鎌倉大地震（七月）／延暦寺・

		得度。仏法房道元となる。	清水寺闘争（八月）／京、大火（十月）
一四	二。二五	園城寺（三井寺、大津）の座主・公胤僧正（※）を訪れ、疑義（〈本来本法性、天然自性身。生まれながらに人は悟りをひらく性質を持っている〉と教えるのに、なぜ修行を必要とするのか）をただす。（春）	延暦寺衆徒、園城寺を焼き討ち（四月）
一五	三。二六	建仁寺（京都）に栄西（※）を尋ね、弟子になる（栄西の没〈建保三〉後は、その高弟、明全のもとで修行）。入宋の望みを抱く。（初秋）	栄西没（七月）／僧徒の武勇禁止／鎌倉、しばしば地震。地鎮祭で祈祷（九月）
一六	四。二七	公胤のもとを再び訪れ、入宋の希望を強調。（初春）閏六月、公胤、没。	将軍実朝、渡宋を志す
一九	七。三〇		源実朝、鶴岡八幡宮で公暁により殺害される（一月）／京、大火（四月）
二一	承久三。三二	入宋の準備を始める。	承久の乱（幕府と後鳥羽上皇を中心とする朝廷との抗争。五月）／後鳥羽上皇、隠岐に配流（七月）

一二二二年 貞応元。二三歳
入宋の印宣と下知状を得る（二月二十一日）。
明全（※）らとともに京へ出立（入宋の途につく。二月二十二日）。
日蓮、誕生（二月）
鎌倉大地震（九月）

二三 二。二四
博多へ到着（三月初旬）。

博多を出航（三月下旬）。

明州慶元府（寧波＝ニンポー、ねいは。浙江省北東部の商業都市）に到着（四月上旬）。

阿育王山《あいくおうざん》（※）の典座《てんぞ》（※）に会う（五月）。

明州天童山景徳禅寺（※）の住持、無際了派（※）に会う（七月）。禅を学び修行。阿育王山広利禅寺に至る（秋）。

二五 元仁二。二六
杭州径山《きんざん》万寿寺へ。

北条政子、没（七月）

天台山平田の万年寺（※）へ。

天童山へ戻る（晩春）。

如浄禅師（※）に初めて会う（五月一日）。

明全、天童山で没（五月二十七日。四十二歳）。

如浄禅師の方丈を訪問（七月二日）。

如浄が、坐禅をしながら居眠りをしていたある僧に、「参禅はすべからく身心《しんじん》脱落（すべての

		煩悩のとらわれをはなれて身心ともに自由自在の境地となること）なるべし。只管に打睡して什麼《いんも》を為すに堪えんや（ただ眠ってばかりいてどうするのか）」と叱った際、となりで坐禅していた道元は大悟した。	
二六	嘉禄二。二七		鎌倉大地震（八月）／京、大地震（十二月）
二七	安貞元。二八	**明州を出航（七月上旬）。** **如浄禅師、没（七月十七日。六十五歳）。** 肥後国、川尻（熊本市）に入港（八月）。 建仁寺（京都）へ入る（九月中旬）。この年、「普勧坐禅儀」（※）を著す。	京、大地震・寒波（二月）／延暦寺衆徒、京に入り念仏僧を迫害（七月）
二八	二。二九		鎌倉大地震（五月）／京、大風雨・洪水（七月）
二九	寛喜元。三〇	懐奘（※）、道元への入門を約束（二月）。	奈良僧徒の武装禁止（九月）／鎌倉大地震（十二月）
三〇	二。三一	建仁寺から安養院（※。山城国深草）へ隠棲（春）。	異常な天候不順、大飢饉
三一	三。三二	立宗宣言ともされる「弁道話」（※。『正法眼蔵』の序章にあたる）を著す（八月）。	大飢饉
三二	貞永元。三三		北条泰時、「貞永式目」制定（八月）

一二三三年	天福元。三四歳	山城国深草の極楽寺旧跡に、興聖寺《こうしょうじ》（宝林寺。※）を開く（春）。『正法眼蔵』（※）「現成公案《げんじょうこうあん》」（※）の巻（八月）。	
三四	文暦元。三五	懐奘、正式に道元の門下に。	鎌倉幕府、専修念仏を禁止（六月）／京、大地震（九月）
三五	嘉禎元。三六		鎌倉幕府、僧徒の武装禁止（一月）
三六	二。三七		興福寺僧徒の鎮圧のため、幕府、大和に守護地頭を置く
三七	三。三八	「典座教訓」（※）成立（春）。	京、大地震（六月）、同じ頃、日蓮、清澄寺で出家得度？
三八	四。三九	懐奘が道元の法話を記録した『正法眼蔵随聞記』（六巻）が成立。	
四〇	延応二、仁治元。四一	『正法眼蔵』六巻	延暦寺衆徒、専修念仏（他の行をせず、ただひたすら念仏だけを唱えること）の禁止を幕府に要請（五月）
四一	仁治二。四二	日本達磨宗に属する越前・波著寺《はじゃくじ》の懐鑒《えかん》が、門人の義介、義演、義尹《ぎいん》らと集団入門。『正法眼蔵』十巻。	
四二	三。四三	『正法眼蔵』十四巻。	

四三	四。四四	波多野義重（※）に招かれ、前年の三月に引きつづき京へ（四月）。六波羅蜜寺での説法を機会に比叡山の圧力強まる 興聖寺の一部が破却される（五月）。 波多野義重らの招きにより越前へ出立（七月十七日）。 越前の吉峰寺着（七月末）。『正法眼蔵』二十二巻	
四四	寛元元。四五	大仏寺（越前志比庄）法堂の造営起工（二月二十九日）。 大仏寺法堂の開堂法会（九月一日）。 『正法眼蔵』十巻	
四五	三。四六	「弁道法」（※）撰述（四月頃） 『正法眼蔵』五巻	京、大地震（一月）／京で地震しばしば。朝廷と幕府、天変、祈祷（四～五月）
四六	四。四七	大仏寺を永平寺と改名、上堂（※。六月十五日）。	北条時頼（二十歳）、執権に（三月）
四七	宝治元。四八	波多野義重から鎌倉へ招く手紙が届く（七月半ば）。 鎌倉へ出立（八月三日）。 鎌倉・名越の白衣舎《びゃくえしゃ》に滞在（八月二十二日）。 鶴岡八幡宮参拝（八月二十三日）。 北条時頼に（大乗）菩薩戒を授ける（八月二十五日）。	三浦一族、滅亡（六月）

一二四八年	宝治二。四九歳	鎌倉出立（二月下旬）永平寺に戻る（三月十三日）。永久に吉祥山永平寺を離れないことを誓う（九月十日）。	京、大火（三月）
四九	建長元。五〇	後嵯峨上皇より紫衣を賜わる。	
五〇	二。五一	永平寺住職を懐奘に譲る（七月十四日）。	日蓮、鎌倉に入る（五月）／建長寺（鎌倉）、開創（十一月）
五三	五。五四	波多野義重の勧めにより、療養のため京都へ出発（八月五日）。入滅（八月二十八日）。舎利、永平寺着（九月十日）。	

●年表関連解説●

※**久我通親**＝一一四八（久安四）～一二〇二（建仁二）。村上源氏の家系に生まれた。久我内大臣雅通の子。養女在子《ざいし》が後鳥羽天皇との間にもうけた皇子を即位させ（土御門天皇）、天皇の外祖父となり、また内大臣に就任して権勢をふるった。道元は通親を父に、藤原基房の三女伊子との間に生まれた。

※**藤原基房**＝一一四五（久安元）～一二三一（寛喜三）。太政大臣、関白を歴任。平清盛と対立して備前に流され、のち源義仲と結んだが、義仲が敗れ、政界を退いた。

※**公円**＝左大臣藤原実房の子。密教ほか仏教の碩学。道元は、大乗・小乗仏教の教理、天台密教を学んだ。一二一三年（建暦三）、清水寺の所属問題を発端とした延暦寺と興福寺の争いの責任をとって職を退いた。

※**公胤僧正**＝「即心成仏」について疑問を投げかけた道元に「すべからく建仁寺栄西に参ずべし」と答え、栄西のもとでの修行を勧めた。（建撕記《けんぜいき》［道元の伝記］）

※**（明庵）栄西**＝一一四一（保延七）～一二一五（建保三）。日本臨済宗の祖。備中吉備津（岡山市）の人。比叡山で修行。延暦寺（山門派）と三井寺（寺門派）の抗争の最中、一一六八年（仁安三）四月、天台教学を学ぶために宋（明州）へ渡ったが、禅の流行に触れて同年九月、帰国。釈尊を崇拝する栄西は、一一八七年（文治三）、四十七歳のとき、インドをめざし杭州（南宋）に渡ったが、暴風のため温州瑞安県に上陸。天台山万年寺の虚庵懐敞《きあんえしょう》の門に入った。虚庵とともに天童山に移り、臨済宗黄龍《おうりょう》派の法を嗣いだ。一一九一年（建久二）、帰国。博多に聖福寺を開き、日本で初めての禅道場とした。一二〇二年（建仁二）、将軍源頼家は建仁寺（京都）を建立、栄西を開山とした。

※**明全**＝一一八四（元暦元）～一二二五（嘉禄元）。伊賀（三重県）の人。栄西入滅後、建仁寺住持。道元に天台、密教、禅を教え、一二二三年（貞応二）、道元とともに宋へ。栄西が法を嗣いだ天童山景徳禅寺で修行を積んだが、天童山に四十二歳で没した。道元はその遺骨を持ち帰った。建仁寺に明全の五輪塔がある。

※**阿育王山**＝中国浙江省鄞《ぎん》県（かつての明州慶元府）にある山。五山のひとつ。曇摩蜜多《どんまみった》が建てた。

※**典座**《てんぞ》＝禅院で修行僧の食事を司る役職。都寺《つうす》・監寺《かんす》・副寺《ふうす》・維那《いの》・直歳《しっすい》とともに「六知

事」のひとつ。「知事」は禅寺の内部を統治する幹部の役職。都寺・監寺・副寺は、あらゆる庶務を司る。維那は修行僧の修行を監督し、禅堂内の衆務を統括する。直歳は禅院内の普請、作務を担当する。

※**天童山景徳禅寺**＝中国浙江省鄞県の寺。晋の時代（西暦三〇四年）、義興法師が開山となって建立されたと伝えられる。

※**無際了派**《むさいりょうは》＝～一二二四。臨済宗楊岐《ようぎ》派の大慧宗杲《だいえそうこう》の法嗣、拙庵徳光をついだ。道元にはじめて中国の禅を教えた。楊岐派は宋時代の禅宗の中心。宋代になって臨済宗は「楊岐派」（楊岐方会《ようぎほうえ》、九九二～一〇四九）と「黄龍派」（黄龍慧南《おうりょうえなん》、一〇〇二～六九）に分かれた。臨済宗は、中国の禅宗五家のひとつ。

※**万年寺**＝中国・浙江省の天台山にある寺。栄西が虚庵懐敞《きあんえじょう》から法を嗣いだ寺。

※**如浄禅師**＝一一六三～一二二八。天童如浄。景徳禅寺の住持。道元に法を伝えた。当時、全盛を迎えていた臨済系大慧派（貴族化、官僚化の傾向を強めていた）の禅宗に対して、古風禅を主張し、名利を超越した厳しい修行を求めた。

※**普勧坐禅儀**＝宋から帰国した道元が最初に書いた坐禅の書。坐禅の意義と仕方を説き、すべての人びとに坐禅を勧めることを目的とした。

「原《たずぬ》れば夫《そ》れ道本円通《どうほんえんづう》す、争《なん》ぞ修証を仮《か》らん、宗乗《しゅうじょう》自在なり、何ぞ功夫《くふう》を費《ついや》さん。況んや全体迥《はる》かに塵埃を出でたり、孰《たれ》か払拭《ほっしき》の手段を信《の》べん。大都《おおよそ》当処を離れず、豈に修行の脚頭を用いん者ならんや」（冒頭）

※**懐奘**《えじょう》＝孤雲懐奘（一一九八～一二八〇）。道元の法嗣。永平寺二世。大日能忍《だいにちのうにん》の禅をついだ仏地覚晏《ぶっちかくあん》からさとりの認可を受けたが、道元の門に入り、道元が没するまで仕えた。

一二三六年（嘉禎二）、興聖寺の初代首座《しゅそ》（師に代わって修行僧に教えを説く地位）に。一二五三年（建長五）、永平寺の住持となった。

※**安養院**＝現在の京都市伏見区墨染町の清涼山欣浄寺《ごんじょうじ》がその旧蹟であるとも。「弁道話」が書かれた。

※**弁道話**＝道元の立宗宣言ともいうべき書。道元思想のポイントのひとつ。天台宗（比叡山）、黄龍派（建仁寺）の禅に対して自らの伝えたものこそ、仏祖正伝の法であることを表明している。

「諸仏如来、ともに妙法を単伝して、阿耨菩提《あのくぼだい》（無上のさとり）を証するに、最上無為の妙術あり。これただ、ほとけ仏にさづけてよこしまなることなきは、すなわち自受用三昧（坐禅になりきること）、その標準なり。この三昧に遊化するに、端坐参禅（正しい姿勢で坐禅すること）を正門とせり。この法は、人々《にんにん》の分上そなはれりといへども、いまだ修行せざるにはあらはれず、証せざるにはうることなし」（冒頭）

※**興聖寺**《こうしょうじ》＝中国から帰国後、道元が初めてつくった禅の根本道場。興聖寺は、現在の京都市伏見区深草宝塔寺山町、日蓮宗宝塔寺がその遺跡といわれる。

※**正法眼蔵**《しょうぼうげんぞう》＝道元三十二歳から五十四歳までの説法を和文で綴ったもの。宗門の規則、行儀、坐禅弁道など、九十五巻、五二〇編から成る。曹洞宗の根本聖典。

※**現成公案**《げんじょうこうあん》＝道元の仏法をわかりやすく説いている。そのポイントは、眼の前にあらわれているすべてのもののありのままのすがたを、そのまま仏法のあらわれであると見て、これを仏道修行の中心の課題としようということにあった。

「仏道をならふといふは、自己をならふなり。自己をならふといふは、自己をわするるなり。

自己をわするるといふは、万法《まんぽう》に証せらるるなり。万法に証せらるるといふは、自己の身心、および他己の身心をして脱落《とつらく》せしむるなり」

※**典座教訓**＝典座についての訓戒を説いている。

※**波多野義重**＝越前志比庄（永平寺町）の地頭。鎌倉時代の武将、六波羅の評定衆。道元の北越入山に重要な役割を果たした。大仏寺（永平寺）の創建に喜捨、教団の中心的な外護者となった。道元の鎌倉行き実現にも働きかけがあったとみられる。

※**弁道法**＝僧堂における坐禅についての威儀、作法など坐禅弁道についてのあらゆることを詳細に説明したもの。「弁道」とは、坐禅し、修行し、功夫《くふう》（功夫弁道＝仏道を修行すること）すること。

※**上堂**＝禅宗で、住持または導師が法堂《はっとう》に上って説法をすること。

あとがき

平成十四年、道元禅師七五〇回大遠忌を記念して、大本山永平寺が鎌倉に禅師の顕彰碑を建立したおり、地元の出版社としてお手伝いさせていただいた。小社の設立当初からなにくれとなくお世話になった作家里見弴先生の作品に「道元禅師の話」があることにも縁を覚えてのことだった。

顕彰碑建立の活動の一環として正法眼蔵研究家の水野弥穂子先生と作家永井路子先生の対談を企画させていただくうち、道元禅師の教え、言葉を日本の遺産として広く現代の日本人のこころに届け、これからの生き方を考えるうえでお役に立てる一冊を編みたいと考えるようになった。そして、ここに結晶したのが本書だ。

困難なテーマにもかかわらず、執筆、インタビュー、アンケートをお引き受けくださった方々、そして、インタビュアーに加わっていただいた法医学者の西丸與一氏には厚く御礼申し上げる。また、本書の内容、構成などについて貴重なご意見を頂戴した作家の高田宏、三木卓、新潮社編集者の塙陽子の各氏、大本山永平寺、大本山總持寺をはじめ曹洞宗の関係者の皆様に心より謝意を表したい。

なお、道元禅師の真跡から文字を拾い、教えと深いかかわりのある言葉で本文中の扉を飾らせていただいた。読者に禅師をより身近に感じて欲しいためである。扉の裏には、その意を付した。本書を通じて道元禅師の時を越えたメッセージを感じ取っていただければ幸いだ。

平成十五年春

編集人　伊藤玄二郎

道元を語る

編・発行者　伊藤玄二郎

発行所　かまくら春秋社
鎌倉市小町二―一四―七
電話〇四六七（二五）二八六四

印刷所　ケイアール

平成十五年四月　八日第一刷
平成十五年五月二十日第二刷

ISBN4-7740-0228-3 C0095